AF596713

ESSAIS DRAMATIQUES

DE LIAUTAUD ÉTHÉART

TROISIEME SÉRIE.

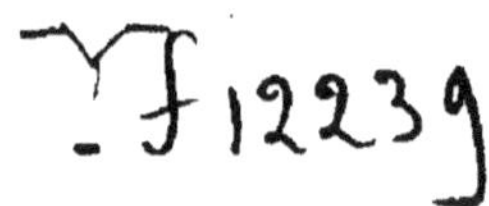

DU MÊME AUTEUR :

PUBLIÉ AU PORT-AU-PRINCE, PAR J. COURTOIS :

MISCELLANÉES contenant : **Génie d'enfer**, essai dramatique en un acte.

Guelfes et Gibelins, drame historique en 3 actes.

Situations littéraires d'Haïti. De quelques opinions sur la littérature du jour.

PUBLIÉ, A PARIS, PAR MOQUET :

ESSAIS DRAMATIQUES. — 1re série, contenant :

Deux Étudiants, vaudeville en 2 actes, représenté pour la première fois au Port-au-Prince, le 23 mai 1856.

Le Monde de chez nous, comédie en 5 actes et en vers, représentée pour la première fois au Port-au-Prince, le 18 avril 1857.

ESSAIS DRAMATIQUES. — 2e série, contenant :

Binettes de classiques ou **la Poche d'un paletot,** vaudeville en 2 actes, représenté pour la première fois au Port-au-Prince, le 18 décembre 1856.

Faute d'un habit, monologue en un acte et en vers, représenté pour la première fois au Port-au-Prince, le 18 décembre 1856.

Paris. Imprimerie de Moquet, rue des Fossés-Saint-Jacques, 11.

ESSAIS DRAMATIQUES

DE LIAUTAUD ÉTHÉART.

TROISIÈME SÉRIE.

LA FILLE DE L'EMPEREUR

DRAME HISTORIQUE EN TROIS ACTES.

UN DUEL SOUS BLANCHELANDE

DRAME HISTORIQUE EN QUATRE ACTES.

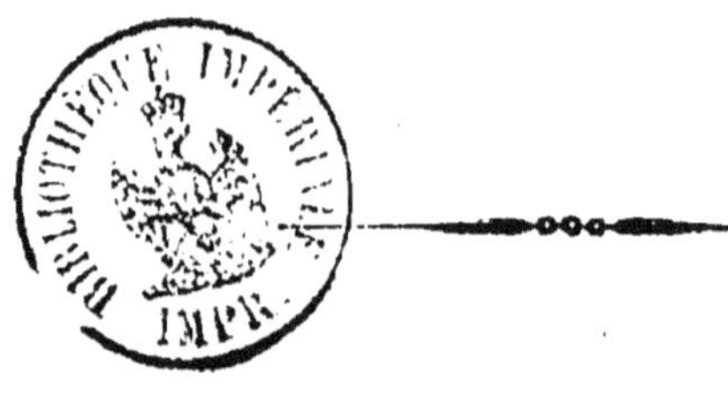

PARIS

MOQUET, LIBRAIRE-ÉDITEUR,

11, rue des Fossés-Saint-Jacques.

1860

Droits de reproduction et de représentation réservés.

DÉDICACE

AU GÉNÉRAL NORMIL

Mon estimable ami,

C'est à vous que je dédie les deux Drames contenus dans ce volume.

Dans nos conversations intimes sur l'histoire de notre pays, nous avons souvent parlé des malheureuses amours de la princesse Célimène, fille de l'empereur Dessalines, et du duel qui eut lieu, à une époque antérieure, entre un procureur de roi et un de ces affranchis qui prirent les armes pour l'amélioration du sort de leurs frères esclaves. Plus d'une fois, vous avez exprimé le désir de me voir mettre en scène ces deux faits intéressants de notre histoire, dont vous preniez plaisir à m'entretenir, comme pour communiquer à mon cœur les émotions du vôtre.

C'était en 1852 : je ne pensais pas alors à écrire pour le théâtre. Deux années après, je crayonnai mon premier drame : *la Fille de l'Empereur*.

Je n'ai pas besoin de vous rappeler, vous le savez aussi bien que moi, toutes mes déceptions, quand je présentai cette pièce, sur le conseil de quelques amis qui l'avaient lue, au gouvernement qui régissait alors les destinées de notre pays : le titre, je crois, épouvanta les ministres de l'Empereur Soulouque, qui lui aussi avait une princesse, et il fut décidé qu'on ne m'accorderait pas la permission que je *sollicitais*, celle de publier mon œuvre. Force me fut d'attendre le jour où Haïti redeviendrait libre.

Ce jour arrivé, je fus heureux de consta

ter que j'avais en portefeuille le second drame dont vous m'aviez fourni le sujet.

C'est donc un bonheur pour moi de pouvoir les réunir dans ce volume et de vous payer une dette d'amitié et de reconnaissance en vous les dédiant.

A vous de cœur,

L. ETHÉART.

Paris, le 5 juin 1860

LA

FILLE DE L'EMPEREUR

DRAME HISTORIQUE EN TROIS ACTES.

PAR

LIAUTAUD ETHÉART.

Janvier 1855.

PERSONNAGES DE LA PIÈCE.

L'EMPEREUR DESSALINES.
L'IMPÉRATRICE.
CÉLIMÈNE.
PÉTION, général, commandant la 2e division de l'Ouest.
MAURICE, lieutenant } aides-de-camp de Pétion.
CHANCY, capitaine }
LISE.
MENTOR }
BOISROND-TONNERRE } aides-de-camp de l'Empereur.
CHARLOTIN }
DARRAN }
VERNET, ministre de l'Intérieur.
GERMAIN, colonel, commandant l'arrondissement du Port-au-Prince.
Un piquet de soldats.

La scène se passe au Port-au-Prince.

LA FILLE DE L'EMPEREUR.

ACTE PREMIER.

Un salon chez Pétion.

SCÈNE PREMIÈRE.

LISE, puis MAURICE.

LISE.

Déjà prêt à partir, Monsieur Maurice

MAURICE.

Pour se préparer à une mission, quelques minutes doivent suffire à un militaire, vous le savez, madame.

LISE.

Surtout pour un voyage à Marchand, une mission près de l'Empereur : on part lieutenant, on revient....

MAURICE.

Vous dire que je repousse tout avancement, ce serait parler contre mon cœur. Mais, croyez-le, ce n'est point cette considération qui me guide : le désir que j'ai de servir le général Pétion que j'aime et que j'estime, voilà la seule cause de mon empressement.

LISE.

Je vous crois, lieutenant. Mais tout en faisant les affaires de son général, on peut aussi s'occuper des siennes.

MAURICE.

Vous ne croyez donc pas au dévouement, Madame. Eh bien ! Vous le dirai-je ? Je pars à contre-cœur. Si la mission était retardée, pour vingt-quatre heures, j'en serais bien aise.

LISE.

Vraiment ?

MAURICE.

Chancy sera de retour aujourd'hui, je le pense, et je désire le voir avant de partir.

LISE.

S'il n'arrive pas dans une heure, vous courez fort le risque de lui presser la main à votre retour seulement.

MAURICE (à part).

Comment faire !

LISE.

Le général a reçu ce matin quelques lettres, et dès qu'il en a pris connaissance, il a préparé vos instructions : il ne peut tarder à vous les remettre.

MAURICE.

(*A part*). Il n'y a pas de temps à perdre. (*tirant une lettre de sa poche*) c'est à vous seule, Madame, que je voudrais confier cette lettre. Elle est adressée au capitaine Chancy, et dès son arrivée, veuillez la lui remettre, je vous en prie bien.

LISE, prenant la lettre.

Lettre parfumée, écriture fine et serrée. Je sais à quoi m'en tenir.

MAURICE.

Inutile de vous recommander le secret.

LISE.

Inutile, Monsieur. Peut-on divulguer un secret que l'on ne connaît pas? Tout ce que j'entrevois, c'est que la lettre est d'une femme, voilà tout.

MAURICE.

Si ce secret m'appartenait, je pourrais vous en faire la confidence. Il est à un ami : permettez-moi de le garder. D'ailleurs, il sera connu bientôt, car Chancy compte en parler au général qui sera chargé de faire les premières ouvertures.

LISE.

Ah ! il veut se marier et il s'adressera au général Pétion pour arriver à son but. Je crains bien qu'il ne perde son temps. Pense-t-il au mariage, lui?

MAURICE.

Il y pensera, madame, et c'est à vous qu'il donnera son nom.

LISE.

Dois-je y prétendre, quand depuis deux ans..... (*Entre Pétion*).

SCÈNE II.

PÉTION, LISE, MAURICE.

PÉTION (remettant un paquet à Maurice).

Partez immédiatement. Au sortir de la ville, que vous laisserez par la porte du nord, vous prendrez connaissance de ces instructions. Peut-être n'aurez-vous pas loin à aller.

MAURICE.

Faudra-t-il passer au bureau de l'arrondissement, voir le colonel Germain et lui annoncer mon départ?

PETION (après quelques minutes de réflexion).

Vous pouvez le faire. Allez.

SCÈNE III.

LISE, PÉTION.

PETION (Il paraît agité).

Jacmel ne présente aujourd'hui que le triste spectacle d'un monceau de décombres.

LISE.

Pourquoi tant vous affliger? On a peut-être exagéré

l'événement. D'ailleurs, n'attendez-vous pas aujourd'hui le capitaine Chancy? Il vous donnera des nouvelles certaines.

PÉTION.

Celles que j'ai déjà reçues ne me laissent aucun doute sur la gravité de l'événement. Chancy est chargé seulement de porter quelques secours d'argent aux incendiés. Vous devez connaître les tristes souvenirs que j'ai emportés de cette cité, qui m'attachent à cette ville que j'ai défendue contre les horreurs de la guerre civile, et d'où je suis parti pour aller traîner en France une existence pauvre et monotone.

LISE.

En effet, plus que tout autre, vous devez aimer les Jacméliens.

PETION (assis et réfléchissant).

Malheureuse Haïti!

LISE (d'un ton câlin).

Personne ne peut donc vous faire oublier les malheurs de la patrie?

PÉTION.

Les malheurs de la patrie! les connaissez-vous, Lise? pouvez-vous même vous en faire une idée? Pourquoi faut-il que je vive pour sonder une à une les plaies saignantes de son cœur? Que n'ai-je péri plutôt, le jour où la colère de Dieu remua les entrailles du Port-au-Prince pour le renverser de fond en comble? Je serais mort jeune, ignoré de tous, et précipité dans la nuit du passé, sans avoir approché de mes lèvres le calice amer du désespoir. Pourquoi un boulet de canon ne m'a-t-il pas emporté, tandis que je défendais les droits de la métropole? Pourquoi suis-je arrivé trop tard à Curaçoa pour m'embarquer sur le bâtiment qui a englouti Beauvais dans les abîmes de l'Océan ?

LISE.

Que de sombres idées, Pétion ! comment peuvent-elles trouver place dans votre cœur, quand vous avez une femme qui vous aime, qui ne vit que pour vous. Que l'homme qui s'occupe de politique est à plaindre !

PÉTION.

Oui, bien à plaindre! Mais puis-je regarder de sang-froid ce qui se passe à mes côtés? La main qui a brisé nos fers essaie de les river pour nous en charger de nouveau. Et cependant, c'est un être sacré pour nous, c'est le fondateur de notre indépendance, le constructeur de notre édifice social !

LISE.

Eh bien ! puisqu'il n'y a pas de remède au mal, on entre dans la vie de famille, on donne son nom à la personne que l'on aime...

PÉTION (brusquement).

Jamais, madame.

LISE.

Puis-je vous demander pourquoi ce front sévère, ce ton brusque et altier ? cette vie si douce qui m'était promise devait-elle être changée en une honteuse servitude ? Pétion, j'ai tout abandonné pour suivre votre destinée ! j'ai fait abnégation de mes serments, je dirais même de mon honneur ! Tandis que j'aspirais au rôle sacré d'épouse... sont-ce là les promesses que vous m'avez faites, il y a bientôt deux ans ?

PÉTION (plus doucement).

Pardonnez ces mouvements d'une humeur brusque, trop naturelle à mon caractère de soldat.

LISE.

Et puis-je compter qu'un jour vous tiendrez à vos serments ?

PÉTION.

Ecoutez, Lise; c'est le moment de vous faire ma confession entière : Un jour, emporté par l'amour que je ressens pour vous, dans un de ces excès de sentiment que la saine philosophie répouve, que les hommes sensés méconnaissent, il m'est arrivé peut-être, — peut-être, entendez-vous bien — de répondre un oui à vos pressantes questions. Mais ce mot, que vous semblez invoquer aujourd'hui, était sorti de mes lèvres et non de mon cœur. Vous le savez, aucune existence n'a été plus orageuse que la mienne. Eh bien! dans cette vie semée d'écueils que j'ai toujours parcourue avec un sang-froid stoïque, j'ai senti se briser chez moi toutes les fibres de l'affection! Rien ne m'attache à ce monde, rien, si ce n'est mon pays. Les hommes, j'ai trop appris à les connaître; je les plains sans les haïr. Les femmes, j'ai juré qu'aucune d'elles ne porterait mon nom. Ne pensez pas que ce soit caprice de ma part, une vaine résolution qui s'envolera avec le temps ; c'est un engagement solennel que j'ai pris avec moi-même. Ne me demandez pas les raisons pour lesquelles je suis venu à en agir ainsi; ce ne sont point d'amères déceptions qui m'ont dicté ces idées. elles ont été puisées à d'autres sources .. et je blesserais peut-être votre amour-propre en vous les faisant connaître.

LISE.

Ainsi, jamais aucune femme...

PÉTION.

Jamais.

LISE.

Tout le monde ne pense pas comme vous : je connais quelqu'un que vous avez élevé, qui a sucé vos principes et qui cependant verrait se réaliser une de ses espérances les plus chères, s'il épousait la femme de son choix.

PÉTION.

Il se nomme...

LISE.

Le capitaine Chancy.

PÉTION.

D'où le savez-vous ?

LISE.

Rien de plus simple : Le lieutenant Maurice reçoit une lettre adressée à son ami absent; il se voit obligé de partir, et me prie de remettre cette lettre au capitaine Chancy dès le retour de ce dernier. Moi j'ai deviné que la missive était d'une femme. Tenez, regardez. (*Elle lui remet la lettre*).

PÉTION (après avoir regardé l'adresse):

Laissez moi cette lettre.

LISE.

C'est un dépôt qui m'est confié.

PÉTION (sévèrement).

J'en prends toute la responsabilité... J'ai besoin d'être seul. (*Lise sort*).

SCÈNE QUATRIÈME.

PÉTION seul.

Dans quel abîme s'est jeté Chancy ! Une correspondance secrète avec la princesse Célimène ! c'est bien là l'écriture des lettres privées de l'Empereur. Il en est si fier qu'il me dit souvent : c'est ma fille qui a écrit cela. Malheureux Chancy! Aveugle, qui ne voit pas son néant et qui veut s'élever jusqu'à un trône! Neveu de Toussaint-Louverture, tu pourrais arriver à cette brillante destinée! mais pense un peu que l'oncle a péri de faim au château de Joux, et que le neveu est mort avec lui.

SCÈNE CINQUIÈME.

PÉTION, GERMAIN.

GERMAIN.

Avez-vous des nouvelles, Général?

PÉTION.

J'attends aujourd'hui le capitaine Chancy. Je m'étonne même qu'il ne soit pas arrivé.

GERMAIN.

Il ne s'agit pas de Jacmel pour le moment; je veux vous parler...

PÉTION.

De Marchand.

GERMAIN.

Vous connaissez donc les bruits qui circulent dans la ville. Et moi qui venais vous les apprendre.

PÉTION.

Je les connais si bien, colonel Germain, que j'ai envoyé le lieutenant Maurice en observation.

GERMAIN.

Ah! vous pensez à tout. Tenez, voici le capitaine Chancy.

SCÈNE SIXIÈME.

PÉTION, GERMAIN, CHANCY.

CHANCY (Entrant et saluant).

Général...colonel...

PÉTION.

Donnez moi vite des détails de l'évènement. Est-il aussi grave qu'on le dit ?

CHANCY

On l'a un peu exagéré, général. Jacmel existe encore, mais un des plus beaux quartiers de cette ville a été incendié.

GERMAIN.

Est-ce à la malveillance qu'on attribue l'événement?

CHANCY.

Impossible d'en savoir quelque chose. Dans la nuit du 23, le son lugubre des cloches que l'écho emportait de quartier en quartier, réveilla la population de Jacmel. Frappée d'épouvante, elle se rendit en toute hâte sur le théâtre de l'incendie. Déjà quelques cahutes avaient été la proie des flammes et le feu se communiquait avec une rapidité effrayante aux grandes maisons d'alentour. Aussitôt tous les habitants de la ville, présents à ce triste spectacle, se mirent au travail ; mais hélas ! sans instruments nécessaires pour arrêter les progrès du feu, sans haches, sans échelles ! Les seaux, les pompes manquaient, l'incendie allait croissant ! Les flammes rougeâtres, ravivées par une brise qui emportait au loin les cris des malheureux Jacméliens, consumèrent pendant cette nuit l'un des quartiers les plus florissants de leur ville. Il est triste de le dire : il existe aujourd'hui à Jacmel quelques familles privées de tout et n'ayant pas même un toit pour s'abriter contre les injures du temps. Mais il faut en convenir, quelques âmes généreuses se font un véritable devoir de partager avec elles le pain de l'infortune.

PÉTION.

A-t-on eu à déplorer quelqu'accident ?

CHANCY.

Un vieillard, — dois-je vous retracer cette pénible scène — ne voulut jamais abandonner sa maison en proie à l'incendie. Il s'y cramponna en s'écriant : « J'en ai chassé les blancs, et si je ne puis faire autant de toi, terrible fléau, du moins je ne reculerai pas, et je saurai mourir avec honneur. » Tous les efforts pour le tirer de cette dangereuse position furent inutiles. La maison s'écroula et le lendemain, on ne trouva pas même son cadavre dans les décombres.

GERMAIN.

Noble et malheureux vieillard !

CHANCY

Je me suis empressé, général, de distribuer aux incendiés les secours que vous leur avez envoyés. Que de vœux n'ont-ils pas faits pour votre bonheur ! Que de bénédictions n'ont-ils pas demandées pour vous à D ieu !

PÉTION.

Assez, Chancy.

CHANCY.

Maintenant, général, s'il vous faut quelqu'un pour courir à Marchand faire part de ces nouvelles à l'Empereur, je m'offre volontiers.

PÉTION.

Ce n'est pas nécessaire.

GERMAIN.

Allons plutôt nous préparer...

PÉTION (l'interrompant).

Venez. (*Germain et Pétion sortent*).

SCÈNE SEPTIÈME.

CHANCY (seul.)

Et moi qui comptais sur une mission à Marchand ! revoir Célimène, lui dire que je l'aime, que je l'aimerai toujours, est-il un bonheur comparable à celui-là ! me voici déçu de mon espoir ! Deux mois sans se voir, n'est-ce pas un siècle pour des amants ! Il est temps de mettre un terme à l'incertitude dans laquelle je vis; il est temps que je dise à l'empereur : « Sire, le neveu de Toussaint-Louverture aspire au bonheur de vous appeler son père. »

SCÈNE HUITIÈME.

LISE, CHANCY.

LISE.

Deux mots avant la rentrée du général.

CHANCY.

Avant tout, madame, permettez que je vous demande des nouvelles de Maurice.

LISE.

J'allais vous parler de lui : il est parti ce matin pour Marchand, à ce que que je crois. Avant son départ, il m'a remis une lettre pour vous.

CHANCY.

Donnez-la moi, madame, je vous en prie bien.

LISE.

C'est facile à dire, mais je ne l'ai plus. Adressez-vous à Pétion à qui je l'ai remise. Il vient : je me sauve.

SCÈNE NEUVIÈME.

PÉTION, CHANCY.

PÉTION.

Asseyez-vous, nous avons à causer. (*Ils s'asseyent*) *Après quelques instants de réflexion*). Avez-vous quelquefois réfléchi à la situation de l'Empire? Avez-vous fait, comme moi, une étude approfondie de nos gouvernants?... non, Chancy : votre âge, les penchants naturels de tout jeune homme vous ont porté vers un autre ordre d'idées moins amères et qui cependant cachent autant de déceptions...

Ecoutez : vingt mois à peine nous séparent de cette terrible époque de notre indépendance, époque belle, heureuse, pour nous, mais triste, mais pleine de sang pour une autre race d'hommes. Ce n'est pas l'instant d'examiner si les excès entraînent des excès, si elle est juste, cette sanglante réparation que nous nous sommes faite de la vile abjection dans laquelle nous étions plongés. Cependant ce crime national doit être absous par la nation.

CHANCY.

Général, où voulez-vous en venir?

PÉTION.

Celui à qui Haïti a décerné une couronne, à qui elle élèvera un jour un autel de reconnaissance, cet homme, on vient lui dire à chaque instant : « Sire, on se remue contre vous; on en veut à votre autorité. » Il est homme, et tout cœur humain est accessible à la flatterie. Aussi il s'irrite de plus en plus : il croit voir des ennemis partout. Voilà la situation de notre infortuné pays. Réfléchissez maintenant à la vôtre.

CHANCY.

Et que suis je, moi pauvre avorton n'existant que par vous; moi, moins que poussière, moi le néant?

PÉTION.

Jeune homme, vous connaissez la princesse Célimène, vous connaissez l'amour que l'Empereur a pour ce rejeton de sa race, vous connaissez les sentiments de Sa Majesté. Songez qu'un nom illustre seul peut s'allier à celui de Dessalines.

CHANCY (à part).

Ciel ! malheureuse lettre !

PÉTION.

Savez-vous le sort reservé à celui qui se permettra seulement d'aimer la princesse, sans le consentement de son père ?

CHANCY.

Mais, général, ces questions...

PÉTION.

Celui-là recevra la mort pour prix de son amour. Et s'il est aimé de la princesse, s'il s'est permis d'avoir avec elle une correspondance secrète, il n'a plus qu'à fuir et à laisser le pays... Voici une lettre à votre adresse... je vous permets de la lire.

CHANCY (après avoir lu).

Général, vous êtes mon second père : J'écouterais vos conseils, si cela m'était possible ; mais il n'est plus temps : je subirai mon sort avec courage. Il y aurait de la lâcheté à agir différemment.

PÉTION.

Quelques explications me seraient nécessaires...

CHANCY.

Vous venez de me faire entrevoir le sort de celui qui aimerait la princesse : il recevrait, dites-vous, la mort pour prix de son infamie. Aucun supplice humain ne sera donc assez grand pour moi qui ai osé porter le déshonneur sur le trône.

PÉTION.

Qu'entends-je? mon fils, fuyez, il en est encore temps.

CHANCY.

La main de l'Empereur m'atteindrait partout. Mais fuir, Général? Et que deviendrait ma Célimène? Que deviendrait le gage de notre amour qu'elle porte dans son sein? Fuir, au moment où elle me fait un pareil aveu! non, cela n'est pas possible!

SCÈNE DIXIÈME.

PÉTION, CHANCY, MAURICE.

MAURICE.

Général; l'Empereur, escorté de sa famille, est arrivé ce matin à l'Arcahaie et marche sur le Port-au-Prince. J'ai dû revenir sur mes pas selon vos instructions. (*On entend au loin quelques coups de canon.*) Entendez-vous le canon : l'Empereur est sur nous. (*Au dehors on sonne la trompette et on bat le tambour*).

PÉTION.

A cheval, Messieurs, et courons à la rencontre de leurs Majestés.

(*Le rideau baisse.*)

ACTE DEUXIÈME.

Au palais impérial.

SCÈNE PREMIÈRE.

CÉLIMÈNE (seule).

Non, ce bruit ne me va nullement. Fille de l'Empereur, Princesse du sang, on court, on vole à mes pieds : mes désirs deviennent des ordres, et c'est à qui les fera exécuter. Et tout cela, parceque je suis née sur les marches d'un trône. Mériter les hommages de Chancy, me paraît bien plus noble et bien plus beau. Arrière, vils flatteurs, qui m'adressez de vains compliments! Oui, je fuis le bal et je viens seule dans ce salon, chercher un refuge à tous ces bruyants plaisirs......

Mon père a témoigné le désir de me voir danser avec le général Pétion. Malgré le regret que j'éprouvais en ce moment de ne pouvoir, dans toute cette cohue, adresser un mot, un seul mot à Chancy, je n'ai pas manqué d'exécuter son ordre, et le quadrille terminé, des bravos sont partis de tous les points de la salle. Ici mon cœur s'est serré : c'est avec peine que j'en ai comprimé les battements, car j'apercevais des yeux qui me lançaient des éclairs de jalousie.... Pardonne-moi, Chancy, pardonne à ta Célimène! As-tu compris le signe que je te faisais de la main? viens, mon ami, et oublions dans l'échange de nos transports d'amour le monde et ses attraits.

SCÈNE DEUXIÈME.

CHANCY, CÉLIMÈNE.

—

CHANCY.

Quel triomphe pour vous, madame !

CÉLIMÈNE.

Que vous me faites mal, Chancy, avec ces mots que vous venez de prononcer ! Est-ce ainsi que vous deviez me recevoir après deux mois d'absence ? Et qu'appelez-vous triomphe ?

CHANCY.

J'appelle triomphe d'une femme la position que vous vous êtes faite, madame. J'appelle triomphe le trône sur lequel vous êtes assise, cette foule de vils courtisans à vos pieds, cette atmosphère embaumée qui vous entoure, l'honneur de toucher votre main dans un quadrille, faveur accordée à des généraux couverts d'habits chamarrés d'or, à des généraux ayant pour valets des hommes tels que moi.

CÉLIMENE.

Vous êtes injuste, Chancy, et la jalousie vous égare. Est-ce ma faute à moi si je suis princesse, si je suis obligée de remplir mon triste rôle jusqu'au bout, si je me vois forcée de vider jusqu'à la lie le calice amer des honneurs? Vous me connaissez et vous connaissez mon cœur. M'avez-vous jamais surprise, recherchant le brillant étalage qui m'entoure ? Que ne suis-je née plutôt dans une pauvre chaumière ! mon existence se fût écoulée douce et heureuse !

CHANCY.

Célimène, je ne sais quel voile entourait mes yeux il y a un moment. Je croyais te voir perdue pour moi ; que sais-je ? j'avais le vertige.

CÉLIMÈNE.

Ou plutôt vous avez cessé de m'aimer. Ce que j'entends en ce moment, c'est l'histoire de toute jeune fille qui croit sur cette terre, à l'existence d'un amour éternel!.... Un homme aime ou feint d'aimer une jeune fille qui lui offre en retour un sentiment aveugle, un amour sans bornes. Un malheureux jour, au moment d'une séparation, au moment où se donnait le baiser d'adieu.... Ah! faut-il avouer ainsi sa honte et son déshonneur! larmes, prières, supplications, rien. Et quand la malheureuse est perdue sans retour, le séducteur se lève de toute sa hauteur et l'écrasant de son regard, lui dit : Va, je ne t'aime plus.

CHANCY.

Pardon, Célimène! c'est à genoux que j'implore ma grâce; je t'aime et je t'aimerai toujours. Insensé que je suis! Funeste égarement de l'amour! si tu savais, mon amie, combien je suis bouleversé en ce moment, si tu savais ce qui m'est arrivé.....

CÉLIMÈNE.

Relève-toi : ta place est sur mon cœur. Mais vraiment, tu m'inquiètes, parle.

CHANCY.

Écoute, ce secret que ta bouche vient de prononcer, cet acte odieux qui jette sur moi tout l'opprobre de la honte, un tiers le connaît.

CÉLIMÈNE.

Qu'entends-je?

CHANCY.

La dernière lettre que tu m'as écrite a été remise en mon absence, au général Pétion....

CÉLIMÈNE.

Le général Pétion! Cet homme sait....

CHANCY.

Oui, mais j'en suis sûr, ce secret mourra avec lui.

CÉLIMÈNE.

Hélas !... J'entends du bruit.... l'Impératrice... vite.... Sauve-toi.

SCÈNE TROISIÈME.

L'IMPÉRATRICE, CÉLIMÈNE.

—

L'IMPÉRATRICE.

(*Parlant au dehors*). Un instant, sire, je ne puis être de tous les quadrilles.(*Sur la scène*). Quelle fougue! quelle ardeur pour la danse ! ardeur que ma fille ne partage pas, car voilà longtemps qu'elle a laissé le salon.

CÉLIMÈNE.

Vous savez, Madame, que je n'aime pas le bal.

L'IMPÉRATRICE.

Encore ce mot de madame ! Célimène, si je n'ai pas eu le bonheur de vous porter dans mon sein, songez que je serais fière de vous avoir pour ma fille, que je vous aime de toute la tendresse d'une mère, que les soins dont je vous entoure demandent une récompense. Et vous persistez à me refuser ce doux nom de mère, que je réclame de votre amitié.

CÉLIMÈNE.

Pardon, ma mère ! Oui, vous avez pour moi une tendresse à toute épreuve, et c'est une injustice de ne pas vous donner ce nom que vous méritez. Oui, bonne mère, pardonnez à votre fille ; mais je vous le répète, je n'aime pas le bal.

L'IMPÉRATRICE.

Amour ou non, nous nous devons à la société. Et comme dit l'empereur, votre père, un souverain, une

Impératrice, une princesse ne s'appartiennent pas : ils sont au peuple qu'ils gouvernent.

CÉLIMÈNE.

Maîtres et esclaves à la fois.

L'IMPÉRATRICE.

Des plaintes au moment où nous ne pensons qu'à votre bonheur, où toute notre sollicitude s'attache à notre fille bien-aimée. Votre père vous prie de rentrer : le bal est à sa fin, et c'est vous qui devez en faire la clôture avec le général Pétion.

CÉLIMÈNE

Le général Pétion !

L'IMPÉRATRICE.

Et pourquoi cette surprise ? pourquoi cette bruyante exclamation ?

CÉLIMÈNE.

Rien. Seulement, je trouve peu raisonnable de la part de mon père d'exiger...

L'IMPERATRICE.

Exiger ! savez-vous que je finirai par vous croire fière de votre position ! mais vous ne dérogez nullement en dansant avec le général. Peut-être des motifs plus puissants vous font trembler en lui donnant la main. Rassurez-vous : si cela était, vous partageriez pleinement nos idées et les vues de votre père.

CÉLIMÈNE.

Que venez-vous de dire ? l'Empereur penserait-il... ? malheureuse que je suis !

L'IMPÉRATRICE.

Nous pensons à votre bonheur. Votre père doit aujourd'hui même en parler au général Pétion.

CÉLIMÈNE.

Pitié pour moi !

L'IMPÉRATRICE.

Mais c'est un parti fort avantageux.

CÉLIMÈNE.

Grâce! c'est à genoux, ma mère, que je viens la réclamer. Le général Pétion! non, jamais!

L'IMPÉRATRICE.

Je ne comprends nullement cette aversion. Ma fille, songez à l'obéissance que vous devez à votre père, songez à son courroux si vous lui faites des observations et préparez-vous...

CÉLIMÈNE.

Pour le sacrifice, n'est-ce pas? oui, je suis une victime; je marcherai à l'autel, c'est vrai, mais ce ne sera pas pour offrir ma main à un homme, je présenterai plutôt ma gorge à son couteau. Vous êtes ma mère, je ne crains pas de vous le dire : je n'éprouve pas de répulsion pour le général. Mais ce soir, quand il m'a touché la main, il me semblait que la sienne était froide et allait glacer mes veines; ce soir, chaque fois que son regard rencontrait le mien, ses yeux me lançaient un feu magnétique qui m'écrasait et me faisait rougir! maintenant, ce sera pis encore! maintenant, je le fuirai, et pour rien au monde je ne voudrais voir se dresser devant moi ce spectre effrayant! (*A part.*) Maintenant, il sait tout! il connaît ma honte! (*Haut*) oh! pitié, ma mère!

L'IMPÉRATRICE

Célimène, il n'y a qu'une manière d'expliquer vos paroles. Vous comprenez ce que je veux dire : vous pensez encore à quelqu'un qui n'est pas de votre rang et est indigne, par conséquent, d'aspirer à votre main. Mais ce ne sont pas là les volontés de votre père. Je viens de vous les faire connaître par son ordre. Du reste, dans un moment, tout sera dit : c'est dans cette salle que la grande convocation aura lieu. Adieu, ma fille, du calme, de la réflexion. Je vais jeter un dernier coup-d'œil sur le bal. Ne vous faites pas attendre.

SCÈNE QUATRIÈME.

CÉLIMÈNE, CHANCY.

CHANCY.

Célimène, nous sommes sauvés.

CÉLIMÈNE.

Sauvés et par qui ?

CHANCY.

Par notre protecteur, par le général!

CÉLIMÈNE.

Je ne comprends pas. Tu n'as donc pas tout entendu?

CHANCY.

L'Empereur, ton père, propose dans un instant ta main au général.

CÉLIMÈNE.

Eh bien?

CHANCY.

Il refuse, lui qui sait...

CÉLIMÈNE.

Hélas! En est-il capable ?

CHANCY.

Sa fermeté ne l'abandonne jamais.

CÉLIMÈNE.

Je sens mes forces m'abandonner. Cette lutteque je viens de soutenir m'a abattue : il me semble que tout est fini pour nous.

CHANCY.

C'est le moment où nous devons appeler toutes nos forces à notre secours. Le général, refusant ta main, je somme l'Empereur de tenir à sa parole, car tu n'as pas oublié qu'il voyait notre amour avec plaisir. Il m'appelait en secret son gendre.

CELIMÈNE.

Oui, c'était à la cour du Gouverneur, dont tu es le neveu. Mon père était alors général, aujourd'hui il est Empereur!

CHANCY.

Il est encore père ! Du courage. Rentre dans la salle du bal. Moi, je sors par cette porte et je te rejoins.

SCÈNE CINQUIÈME.

GERMAIN, DARRAN, MAURICE, CHANCY, un piquet de soldats.

GERMAIN (arrêtant Chancy).

Où courez-vous, ainsi, capitaine ?

CHANCY.

Je vais où bon me semble, colonel. De la gaîté, tout le monde est libre, ce soir.

DARRAN.

Trop de liberté nuit : cela mène à la licence.

CHANCY.

Tout beau, messieurs, vous êtes en train de plaisanter. Moi, je suis pressé, je n'ai pas une minute à perdre.

GERMAIN.

Pas si pressé que vous ne puissiez rester ici pour le service de leurs Majestés. Vous êtes chargé de la surveillance de cette porte. Vous, lieutenant Maurice, voici votre poste. Darran et moi, nous nous plaçons ici. Chut, attention. Voici la consigne : ne laisserpénétrer personne dans cet appartement, excepté ceux qui donneront les mots d'ordre et de passe : Empereur et liberté.

SCÈNE SIXIÈME.

GERMAIN, DARRAN, CHANCY, MAURICE, L'EMPEREUR, MENTOR, BOISROND-TONNERRE, CHARLOTIN, VERNET, PÉTION.

—

PÉTION, (entrant par la porte de Darran).

Empereur et liberté.

BOISROND-TONNERRE (entrant par la porte de Germain).

Empereur et liberté.

(L'Empereur, Charlotin et Vernet entrent par la porte du fond).

CHARLOTIN.

L'Empereur, messieurs.

GERMAIN.

Soldats, présentez vos armes. (*Roulement de tambour. Les officiers se découvrent et ils saluent trois fois*).

L'EMPEREUR,

Après les amusements, nous nous devons aux affaires sérieuses de la patrie, notre mère commune. Messieurs, je vous ai convoqués pour vous parler de quelque chose d'important, de grave, et en même temps de bien doux à mon cœur. Mais avant tout, laissez-moi vous entretenir de notre situation politique : par mon ordonnance du 26 juillet, j'ai appelé à commander en chef l'armée d'Haïti le général Christophe et j'ai maintenu au ministère des finances André Vernet, ici présent; à celui de la guerre, Etienne Elie Gérin. Des circonstances impérieuses, jointes à un devoir de conscience m'ont porté à conférer ce titre au général Christophe : tous ses antécédents l'appelaient à cette charge honorable. La grande part qu'il a prise à la guerre de l'indépendance, son courage, ses talents militaires, sa fidélité à mon gouvernement devaient nécessairement le combler de gloire, lui marquer la seconde place dans mon Empire, dans cette patrie, tombeau de nos persécuteurs. Le Nord, l'Ouest et le Sud ont été partagés, chacun, en deux divisions confiées au commendement d'hommes éminemment capables : le général Pétion conserve celui d'une des divisions de l'Ouest. Général, qu'avez vous à dire de ce plan ?

PÉTION.

Sire, il a été dicté par votre sagesse et je n'ai qu'à vous remercier de la grande confiance que vous avez placée en moi.

L'EMPEREUR.

Messieurs, je suis bien aise de voir mes idées en harmonie avec celles du général et de recevoir son approbation en cette circonstance. Bientôt, nous aurons à améliorer le sort de la brave armée qui a contribué à nous rendre les maîtres de ce sol que nous avons maintenant le droit de fouler avec l'arrogance d'hommes libres et indépendants. Dans peu, leurs gages augmenteront; ils seront nourris et habillés aux frais du gouvernement. Devenues invincibles par ces moyens, nos troupes pourront opposer leurs baïonnettes teintes encore du sang des Français, aux armes débiles de nos timides oppresseurs, s'ils pouvaient songer à reconquérir Haïti, d'où notre vaillance les a expulsés à tout jamais. Grâce à la sollicitude de mes ministres, le commerce, protégé par des lois sages, prend chaque jour un nouvel essor; la justice, son cours régulier; l'agriculture, cette source féconde de richesses, nous procure le bonheur, et l'instruction publique prépare à la patrie des citoyens qui consolideront notre œuvre.

VERNET.

Sire, je réponds au nom de mes collègues. Sous un Empereur tel que vous, Haïti marchera dans la voie du progrès. Si vos ministres ont le bonheur d'arriver à une administration sage et régulière, la gloire n'en peut que rejaillir sur Votre Majesté, qui a la ferme volonté de faire le bien.

L'EMPEREUR.

Maintenant, messieurs, j'ai des remercîments à donner à chacun de vous en particulier; à vous, Boisrond-Tonnerre, rédacteur de ce fameux acte qui nous a rendus libres et glorieux; à vous, Mentor, qui m'entourez de vos conseils; à vous, Darran, l'une des illustrations de mon état-major; à vous, Germain, qui, aidé de votre illustre chef (*montrant Pétion*) commandez si bien cet arrondissement. La récompense de tous ces services ne se fera pas attendre. Quant à vous, Charlotin, vous êtes mon bras droit : je ne puis agir sans vous. (*Pendant ce discours, les assistants s'inclinent tour-à-tour*). Oui, messieurs, travaillons au bonheur, à la prospérité de notre patrie. Formons avant tout une chaîne indissoluble, terrible rempart contre lequel viendront se briser les intrigues de nos ennemis. Noirs et jaunes, qui devez composer les anneaux de cette chaine, n'oublions pas que c'est en nous unissant, en nous donnant la main, une main franche et cordiale que nous pourrons nous élever à la hauteur de notre mission. Haïtiens, regardez les couleurs éclatantes de ce pavillon qui nous a conduits tant de fois à la victoire, que nos soldats portent avec tant de fierté, et dites si vous pouvez le déchirer. Dites si vous voulez le mettre en lambeaux ou y introduire encore cette couleur blanche que nous avons envoyée dans l'enfer où elle expie ses forfaits. Mais votre cœur se soulève, comme le mien, au tableau de telles atrocités ; vous frémissez d'indignation et vous jurez de vivre étroitement unis. Pour ma part, je veux que le peuple haïtien devienne bronzé par la fusion des noirs et des jaunes : je protégerai les alliances qui se feront dans cette intention, et pour preuve, c'est dans ma propre famille que j'en donnerai l'exemple. Ne m'approuvez-vous pas, général Pétion?

PÉTION.

Sire, tout haïtien doit être animé des sentiments que vous venez d'exprimer. Ce que Votre Majesté entreprend de faire est grand et noble ! Et quel homme osera parler encore de préjugés, en face du glorieux fondateur de notre indépendance, faisant abnégation de sa personne, de sa famille même pour couvrir de honte ceux qui voudraient semer la division entre des frères, des enfants nourris du même lait, non, Sire, c'est impossible !

L'EMPEREUR.

Avancez, général, je vous accorde la main de la princesse Célimène, ma fille. (*En ce moment la porte du fond s'ouvre et laisse entrer l'Impératrice et Célimène*).

SCÈNE SEPTIÈME.

Les mêmes, L'IMPÉRATRICE, CÉLIMÈNE.

L'EMPEREUR.

Entrez, ma fille, et terminons cette soirée de bal par des préparations de réjouissances...

CÉLIMÈNE.

Mon père...

CHANCY (un genou en terre).

Sire, qu'il me soit permis de rappeler au souvenir de Votre Majesté... Sire, en 1802, vous m'appeliez votre gendre... En 1805, ne me donnerez-vous pas le même nom ?

L'EMPEREUR.

Faites retirer ce fou de ma présence. Quel est-il, cet insensé qui ose me parler de quelques erreurs du temps passé ? Comment a-t-il osé pénétrer dans cet appartement ? Qu'on le traîne loin de moi !

CÉLIMÈNE.

Mon père, c'est le neveu du gouverneur, le fiancé à qui vous m'aviez promise.

L'IMPÉRATRICE.

Ma fille, devant cette assemblée !

L'EMPEREUR.

Mademoiselle, vous osez me parler de Toussaint, de ce défenseur des droits de la France, justement puni par la France; de cet imposteur, traître à la religion, de cet hypocrite, démasqué par les blancs ! Et je donnerais ma fille à un homme de son sang ! Et je donnerais ma fille au neveu d'un serviteur des Français !

PÉTION.

Pardonnez, Sire. Capitaine Chancy, rendez-vous aux arrêts jusqu'à nouvel ordre. (*Chancy sort*).

L'EMPEREUR.

Général, j'approuve votre énergie. Mesdames, rentrez dans vos appartements.

SCÈNE HUITIÈME.

LES MÊMES, moins Chancy, l'Impératrice, Célimène.

L'EMPEREUR.

Allons, cela ne doit rien deranger à nos plans, et

bientôt le général Pétion épousera ma fille.

PÉTION.

Sire, encore un instant. Vous êtes témoin de l'aversion de la princesse pour ce mariage.

L'EMPEREUR.

Et que m'importe, à moi, cette aversion? Le mariage aura lieu, je l'ai dit, cela sera.

PÉTION.

Sire, vous parlez avec franchise : permettez-moi d'être loyal à mon tour. A peine avez-vous parlé de cette union entre la princesse et moi que les circonstances dont nous venons d'être les témoins m'ont empêché de prendre la parole et de vous répondre, Sire... je n'aime point le mariage.

L'EMPEREUR.

Ai-je besoin de vous retracer ce que je viens de vous exposer tout-à-l'heure? Des hésitations! Songez, général, que le bonheur d'Haïti dépend de ce mariage. Songez-y.

PÉTION.

Oui, Sire. je dois au pays le sacrifice de mon sang, de ma vie même. Ce sacrifice, je le dois aussi à mon chef. Mais de grâce, ne forcez pas mes sentiments, ne brisez pas en un moment le fil de mes opinions que je m'étais proposé de suivre jusqu'au bout.

L'EMPEREUR.

Eh bien! le mot est lâché! vous refusez mon alliance, général : on ne m'avait donc pas trompé. Je marche sur un volcan! Des ennemis, des ennemis à chaque pas que je fais!... Allons, ayons le courage de récapituler tous les rapports qui me sont parvenus. Dans la 2e division militaire de l'ouest, plus de biens domaniaux. Grâce au Directeur des domaines, les Vastey, les Blanchet ont mis les fils des colons en possession des biens de l'Etat, au préjudice de mes pauvres noirs...Prenez-garde à vous, nègres et mulâtres, les terres que nous avons conquises en versant notre sang appartiennent à nous tous: j'entends qu'elles soient partagées avec équité. Sous peu, les contrebandiers et les prévaricateurs seront punis... partout les autorités transigent avec le devoir. On ne se contente pas de dilapider : on conspire, on veut se soulever contre moi ! mais qu'on ose prendre les armes, qu'on ose lever seulement la tête ! Personne ne me seconde! chacun s'efforce d'obtenir des richesses! L'Empire est une ville prise d'assaut et livrée au pillage! ceux qui devraient me soutenir, me trahissent et tâchent de me rendre odieux à la population! Mais heureusement pour Haïti et pour moi, Dieu m'a donné du courage et des baïonnettes! Eh bien ! pour arriver à mes fins, je ferai fusiller, je ferai saccager, je ferai incendier ! Haïtiens, prenez garde à vous! ce ne sont point de vaines paroles que je prononce en ce moment ! Tous les moyens me paraîtront bons ! oui, je ferai tout ce que je dis! sur ma foi de Jean-Jacques, je le ferai! Messieurs, la séance est levée.

(Le rideau baisse.)

ACTE TROISIÈME.

Au palais impérial.

SCÈNE PREMIÈRE.

L'EMPEREUR (seul).

Oh! cette idée me bouleverse l'esprit : je propose et l'on refuse! Je fais le premier pas, les premières avances, et loin d'accepter cette faveur, on se retranche dans des prétextes humiliants pour moi! Dessalines n'est plus Dessalines, s'il ne se venge pas! non, je ne suis pas Empereur, si ce boulet qui m'a atteint, mais sans pouvoir me renverser, ne rebondit pas vers les traîtres et ne les extermine jusqu'au dernier. Ah! Pétion! vous vous jetez aussi dans la ligue contre moi! Homme fourbe et hypocrite, c'est donc ainsi que vous payez les faveurs dont je vous ai comblé!... Je n'en doute plus : c'est vous qui avez fait fuir ce misérable Chancy! Depuis deux jours, des recherches inutiles! Depuis deux jours, ordre de l'arrêter partout, de l'emmener mort ou vif (*bruit dans la chambre de Céliméne*), celui qui a brisé d'un seul coup mes plus chères espérances! sans lui, ma fille obéissait à mes ordres, et le général Pétion ne pouvait pas reculer! Mais ce dernier croit avoir fini, quand il dit qu'il n'aime point e mariage, et que ma fille a de l'aversion pour cette union! Tel n'est pas, général, le mot de cette énigme! ce mot, je le trouverai, dussé-je remuer ciel et terre, dussé-je employer le fer, le feu, le poison! Je fais surveiller tout le monde. Les paroles, les gestes même de ma fille doivent m'être rapportés, et quoique depuis deux jours, elle s'enferme dans ses appartements, e n'ignore pas ce qui s'y passe. (*regardant à sa montre*) Déjà sept heures et Germain n'arrive pas. (*Il sonne*).

SCÈNE DEUXIÈME.

L'EMPEREUR, DARRAN.

L'EMPEREUR.

Eh bien?...

DARRAN.

Aucune nouvelle, Sire. J'arrive en ce moment de chez le colonel Germain. Il n'avait encore rien appris.

L'EMPEREUR.

La police se fait bien mal dans cette ville. Le colonel Germain se croit-il dispensé de venir lui-même me parler? Se serait-il aussi jeté dans la ligue?

DARRAN.

Pardon, Sire. Le colonel Germain se disposait à venir, mais sur des indices nouveaux, il s'est mis à la poursuite du coupable.

L'EMPEREUR.

Puisse-t-il être bientôt arrêté! Qu'avez-vous à me dire?

DARRAN.

Sire, fiez-vous à la fidélité d'un de vos serviteurs les plus dévoués. Jusqu'ici, je n'ai rien aperçu : vous savez que la princesse se laisse difficilement aborder. Tout ce que j'ai appris, c'est qu'elle ne cesse de pleurer.

L'EMPEREUR.

Vous vous souvenez de mes ordres : ainsi qu'à Germain, je vous les ai remis, écrits de ma main. Vous les suivrez textuellement.

DARRAN.

Ce sera fait, comme Votre Majesté le désire. Mais je vois arriver le général Pétion.

L'EMPEREUR.

Oh ! la vue de cet homme m'est insupportable, venez, Darran, venez (*ils sortent*).

SCÈNE TROISIÈME.

PÉTION, puis CHANCY.

PÉTION.

J'arrive trop tard pour parler à l'Empereur.

CHANCY.

Général !

PÉTION.

Vous ici, Chancy !

CHANCY.

Depuis deux jours, depuis le soir de ce bal qui m'a été si funeste.

PÉTION.

Et vous ignorez les ordres qui ont été donnés ?

CHANCY.

N'entreprenez pas de m'apprendre quelque chose : je sais tout. Il y a un instant, dans cette salle, l'Empereur parlait de me faire prendre mort ou vif.

PÉTION.

Malheureux Chancy !

CHANCY.

Maintenant, général, excusez-moi de n'avoir pas obéi à vos ordres.

PÉTION.

Donnez-moi votre main. Et que comptez-vous faire, mon ami, car il est impossible que vous restiez dans cette situation. Songez un peu à la colère de l'Empereur, quand il saura qu'ici, sous ses yeux, dans ce palais...

CHANCY.

Que puis-je craindre?La mort! je l'ai vue plus d'une fois dans les combats! Les tortures! souffrir pour Célimène, n'est-ce pas un bonheur à envier!

PÉTION.

Vous vous exaspérez, jeune homme.

CHANCY.

Que voulez-vous? certainement, je changerais ma position contre une autre moins critique : Oüi, trouvez-moi un lieu où je puisse jouir de toutes les délices de ce monde, où avec Célimène, je puisse trouver le bonheur, j'oublierai la mort, je la verrai hideuse et je me jetterai avec confiance dans les bras que m'ouvrira la vie. Dieu nous ordonne de vivre, c'est vrai. C'est une sainte philosophie que celle qui nous apprend à souffrir, à nous raidir contre le malheur! mais telle n'est pas la mienne! Célimène ou la mort: voilà ma devise!

PÉTION.

Tout n'est pas perdu peut-être. Si vous pouvez sortir de ce palais, transportez-vous dans la crique où nuit et jour, mon bateau est à l'ancre. Remettez au capitaine cette bague : il suivra vos ordres, vous conduira sur mon habitation et quand vous y serez, nous aviserons aux moyens de vous sauver.

CHANCY.

J'accepte la bague pour Célimène et pour moi. Fuir sans elle, c'est impossible!

PÉTION.

C'est très bien. Maintenant avez-vous du cœur?

CHANCY.

Un homme qui est toujours à vos côtés ne peut manquer d'en avoir, général.

PÉTION.

Si vous êtes arrêté, vous savez le sort qui vous attend (*lui remettant un pistolet*). Recevez cette arme. Plaise à Dieu qu'elle ne vous serve pas!

SCÈNE QUATRIÈME.

PÉTION, CHANCY, CÉLIMÈNE.

CÉLIMÈNE, (accourant).

Ciel! qu'ai-je entendu?

PÉTION.

Je viens de faire pour Chancy ce que je ferais pour un fils, madame.

CHANCY.

Après tout ce qui est arrivé, était-il permis de douter de notre triste position?

CÉLIMÈNE.

Hélas! au fond du cœur, il me restait encore l'espérance. Que sais-je? Je voyais toujours près de moi mon ange gardien qui m'enlevait à mes persécuteurs. Ce crucifix que j'ai baisé tant de fois depuis deux jours, que j'ai arrosé si souvent de mes larmes, sur lequel j'ai juré de t'aimer toujours, soutenait mon âme abattue. Mais il me semble que le général vient d'arracher en moi tout ce qui me restait d'espérance. Cette arme qu'il t'a remise a tout brisé et tout anéanti dans mon cœur. O ma mère! pourquoi avez-vous laissé votre fille dans ce moment suprême! Mais il fallait partir, il fallait exécuter les ordres de l'Empereur, de l'Empereur qui est mon père! oui, il est mon père, Chancy! J'irai à lui, je me jetterai à ses genoux, je lui ferai des aveux et il me pardonnera. Il me dira : Relève-toi, ma fille, ta place est sur mon cœur ! viens, ô ma Célimène bien aimée !

PÉTION (à part).

Noble élan de jeune fille !

CHANCY.

Tu as raison, ton père te pardonnera; mais il te dira : Livre-moi ce Chancy; que je lui fasse subir la peine due à son crime.

CÉLIMÈNE.

Est-ce possible, mon ami ? Ta destinée est liée à la mienne. La vie, le bonheur ou la mort pour nous deux. Mais que vous êtes égoïste, Chancy : vous avez une arme! que me donnez-vous à moi?

PÉTION.

Quels mots venez-vous de prononcer, madame?

CÉLIMÈNE.

La douleur, les larmes, le désespoir ne tue pas.

PÉTION.

Et qui vous parle de mourir ?

CHANCY.

Moi, général... moi, qui veux me présenter au pied du trône céleste, accompagné d'une âme pieuse et résignée, capable de racheter la mienne.

PÉTION.

Mes enfants, du courage. Votre position m'attendrit tellement que je n'ai pas d'arguments à opposer aux vôtres. Mais cherchez plutôt des moyens de salut, et la Providence vous bénira ! Eloignez de vous ces tristes idées qui n'appartiennent qu'aux personnes brisées par l'âge et les malheurs et approchant de la tombe. Pensez à la vie, à une existence douce et heureuse ! Faites tout pour y parvenir, et vos efforts seront couronnés de succès. Vous, Célimène, la religion est une puissante consolation pour des âmes pieuses comme la vôtre. N'oubliez pas que Dieu vous guide. Chancy, vous êtes homme.....

CHANCY.

Général, on vient..... quelque chose me dit que je n'aurai plus le bonheur de vous serrer la main.

PÉTION.

Vite, sauvez-vous. (*Chancy et Célimène sortent*).

SCÈNE CINQUIÈME.

PÉTION, GERMAIN.

GERMAIN (avec étonnement).

Le général Pétion !

PÉTION.

Cela vous étonne, colonel.

GERMAIN.

Nullement. Seulement, après ce qui est arrivé, je pensais que vous attendriez la fin de la colère de l'Empereur, avant de vous présenter dans ce palais. C'est un conseil que je me permets même de vous donner.

PÉTION.

(*A part*) Le fourbe! (*Haut*) Non, colonel, tel n'est pas mon devoir. L'Empereur, il est vrai, est irrité contre moi; mais quand reviendront le calme et la raison, il me rendra justice.

GERMAIN.

Vous êtes heureux de voir de cette manière. Mais la colère de l'Empereur augmente à chaque heure, à chaque moment. La disparition de ce damné de Chancy l'a portée encore à son comble.

PETION.

Parlez de Chancy avec modération, je vous en prie; vous savez que de tout temps, je l'ai considéré comme mon fils. Traitez-le de fou, mais de damné Respect ! au malheur !

GERMAIN.

Vous prenez sa défense !

PÉTION.

Entendons-nous. Certainement, dans une convocation comme celle de l'autre jour, où il s'agissait de graves intérêts, il ne lui appartenait pas, à lui, pauvre petit officier, de prendre la parole et de rappeler à l'Empereur des promesses vagues et sans fondements. Ceux qui connaissent l'amour disent que l'excès de ce sentiment conduit à la folie, que les hommes qui en sont atteints se croient le droit de tout faire et de tout dire. Pourquoi ne pas prendre en pitié ces pauvres écervelés ? L'humanité ne nous fait-elle pas un devoir de secourir nos semblables dans le malheur, et de les ramener dans le chemin de la raison, quand ils s'en écartent ?

GERMAIN.

De sorte que, selon vous, Chancy ne doit pas être recherché ?

PÉTION.

Tout cœur d'homme doit aimer la clémence.

GERMAIN.

Le coupable resterait impuni ! mais savez-vous, général, qu'avec les opinions que vous venez d'émettre, la société marcherait tout simplement à sa ruine ! Savez vous que vous ne devez pas parler ainsi en faveur d'un homme que la justice de Sa Majesté poursuit !

PETION.

Mais savez vous que vous vous servez de termes arrogants avec moi ? Savez-vous que vous oubliez le respect que vous me devez ?

GERMAIN.

Excuses, général. Mais je ne puis conserver mon sang-froid quand il s'agit de ce criminel évadé, de ce monstre de Chancy. Ne parlez pas en sa faveur à l'Empereur, car il finirait par ajouter foi aux bruits qui circulent.

PÉTION.

Des bruits ! Et que dit-on ?

GERMAIN.

Que vous êtes la cheville ouvrière de la fuite de Chancy.

PÉTION.

Colonel !

GERMAIN.

Que vous connaissez le lieu de sa retraite.

GERMAIN.

Colonel !

GERMAIN.

Démentez ces bruits, général. Dites que vous ne connaissez pas le lieu où se cache ce perfide........ vous vous taisez ! Au nom de l'Empereur, je vous somme de désigner le repaire de ce brigand.

PÉTION.

Arrêtez ! trêve à ces paroles propres à m'exaspérer, à me porter à vous pulvériser dans ce palais, ici, sous les yeux de l'Empereur, qui, jusqu'à ce jour n'a eu qu'à se louer de mon respect et de mon dévouement.

GERMAIN.

J'agis par ordre de Sa Majesté. Tenez : « Ordre d'arrêter partout le nommé Chancy. Ordre à tout bon citoyen de signaler le lieu de sa retraite, s'il ne veut se déclarer coupable et traître à la patrie. Tout bon citoyen, aussitôt qu'il en est requis par le porteur de ces présentes doit jurer sur l'honneur qu'il ignore le lieu on s'est réfugié Chancy.

» DESSALINES. »

Au nom de l'Empereur, je requiers de vous le serment.

PÉTION.

Jamais.

GERMAIN.

Je cours l'en prévenir.

PÉTION.

Et moi, je vous suis.

SCÈNE SIXIÈME.

CÉLIMÈNE (seule).

Plus de temps à perdre ! Fuyons ces lieux qui ne peuvent désormais nous abriter contre les persécutions des hommes. Un tel ordre, seigneur ! Pardon, mon père, si ma bouche prononce un blasphème contre vous ! Pitié pour une pauvre enfant chez qui l'amour a éteint le respect filial !...... Pitié pour une malheureuse victime de la passion ! Quelques mots à ma mère avant de la laisser pour toujours. (*Elle écrit.*) « Ma mère, votre fille ne peut plus vous embrasser sans rougir. Elle vous quitte, elle vous fuit, elle paie par l'ingratitude les tendres baisers que vous lui prodiguiez chaque jour. Mais votre Célimène n'est plus digne de votre amitié. (*Elle regarde dans la chambre.*) Il écrit aussi ! il laisse quelques mots à son noble protecteur..... (*A genoux*). Grand Dieu ! je vous invoque en ce jour ! Daignez jeter un regard de compassion sur ma mère et sur mon père : vous le voyez, Seigneur, tout noble sentiment n'est point effacé de mon cœur ! J'y sens palpiter encore les nobles élans du respect filial ! je ne suis point encore perdue pour la société, ni pour toujours avilie à ses yeux. Seigneur, venez à mon secours. Le pardon de mes parents, je le réclame de vous ! Hélas ! je suis aussi mère ! jamais, je n'aurai le courage de repousser loin de moi ce pauvre enfant de l'amour. Si tu vois le jour, je te souhaite plus de bonheur qu'à ta mère !..... Grand Dieu ! N'oubliez pas Haïti. Qu'elle soit grande et puissante un jour ! Que nous puissions la léguer à nos enfants, cette terre que nos pères ont arrosée de leur sang ! Qu'ils conservent ce noble héritage et qu'ils se rappellent toujours que l'union les conduira à la gloire !

SCÈNE SEPTIÈME.

DARRAN, CÉLIMÈNE (son billet à la main).

DARRAN.

Princesse, vos vœux sont ceux d'une patriote.

CÉLIMÈNE.

Vous m'écoutiez donc, monsieur le colonel.

DARRAN.

Oh ! madame, par hasard, je me suis trouvé dans cette chambre, tout près de cette porte, de sorte que j'ai pu entendre ce que vous avez dit et voir ce que vous avez fait.

CÉLIMÈNE.

Mais c'est indigne d'un honnête homme ! c'est ignoble, monsieur !

DARRAN.

J'ai entendu quelques mots vagues et sans suite, ce qui m'a empêché de bien comprendre. Quelques explications me sont nécessaires.

CÉLIMÈNE.

Oubliez-vous à qui vous parlez ?

DARRAN.

D'abord, vous avez écrit à l'Impératrice, cela est certain : vous tenez encore le billet.

CÉLIMÈNE.

Et que vous importe, monsieur?

DARRAN.

Les mots qui y sont tracés ressemblent à des adieux.

CÉLIMÈNE.

Mais c'est une infamie! Savez-vous que je puis sonner et vous faire jeter à la porte?

DARRAN.

Vous ne le ferez pas, Princesse, sans m'avoir écouté jusqu'au bout. Vous partez donc, madame, puisque vous faites des adieux. Or, comme je ne sache pas que l'Empereur nous quitte, vous partez seule. Suivez bien ce raisonnement. Partir seule équivaut à une fuite. La justice cherche un coupable, un traître qui, sans nul doute, cherche aussi à se sauver. Vous fuyez donc, Princesse, avec ce traître. Vous savez où il est et je vous somme par ordre de l'Empereur, de me désigner son refuge. Tenez, madame, lisez.

CÉLIMÈNE.

Oh! qui me délivrera de la présence de cet homme! Je connais l'ordre. Le colonel Germain en a une copie.

DARRAN.

(*A part*). Comment sait-elle? (*Haut*) oui, madame, l'ordre est fait en double, en triple, que sais-je? mais, parlez.

CÉLIMÈNE.

Sortez, Monsieur, sortez.

DARRAN.

Vous refusez, n'est-ce pas? vous allez donc me remettre ce billet que vous tenez. Peut-être nous mettra-t-il sur la voie!

CÉLIMÈNE.

(*A part*) Oh ! l'infame! (*Haut*) vous avez sans doute un ordre à cet effet émané de l'Empereur.

DARRAN.

C'est incroyable comme vous devinez tout. Ecoutez. (*Il lit*) : « Ordre de surveiller la princesse Célimène. Ordre d'épier ses actions, ses paroles et de m'en faire tout de suite un rapport exact. Ordre de prendre de gré ou de force tout ce qu'elle pourra écrire.

» DESSALINES. »

Comme vous le voyez, rien n'y manque, madame.

CÉLIMÈNE.

Honte sur l'exécuteur d'un pareil ordre! Malédiction sur vous qui profitez de la faiblesse d'une femme! Je vous préviens, je ne céderai qu'à la violence.

DARRAN.

Madame, remettez ce billet !

CÉLIMÈNE.

Jamais !

DARRAN (s'approchant).

Le billet, Princesse, le billet !

CÉLIMÈNE (en se reculant se jette sur un sofa).

Voyons si vous oserez le prendre. (*Elle le met dans son corset*).

DARRAN (s'approchant).

Une dernière fois, Madame, le billet ! (*Il allonge la main*).

CÉLIMÈNE.

A moi ! Chancy, à moi !

SCÈNE HUITIÈME.

CÉLIMÈNE, DARRAN, CHANCY. (Célimène remet le billet à Chancy.)

—

CHANCY.

Arrière, infâme.

DARRAN (reculant).

Ciel ! Dans ce palais ! capitaine, vous êtes mon prisonnier.

CHANCY

Votre prisonnier ! vous plaisantez ! vous pensez arrêter un homme déclaré traître et coupable envers la patrie et qu'on vous a ordonné de prendre mort ou vif, un homme dont la tête est peut-être mise à prix ! Et vous oubliez le désespoir de cet homme, vous oubliez qu'il se défendra à outrance ! vous oubliez que vous êtes un lâche !

DARRAN.

Des insultes ! ordre de l'Empereur, remettez-moi votre épée.

CHANCY.

Vains mots ! que je vous remette cette épée reçue au champ d'honneur, au milieu des balles, de la mitraille, au bruit des fanfares et du tambour, cette épée, prix de la valeur et du courage, qui est toujours rentrée dans sa gaine, couronnée de lauriers ! vraiment, vous me faites pitié. Tenez, voici le billet que vous réclamez (*Il le déchire et le jette à la figure de Darran*).

DARRAN.

Capitaine !

CHANCY.

Le lâche ! vous restez impassible ! Et bien ! la voici cette épée ! mais ce ne sera pas sans vous en avoir frappé. (*Il le frappe*).

DARRAN.

Oh! c'en est trop! (*Il tire son épée*).

CHANCY.

La partie est belle, croisons le fer.

DARRAN (il a reculé vers la porte du fond, en y arrivant, il s'écrie)

A moi, la garde! au secours! main forte!

SCÈNE NEUVIÈME.

LES MÊMES, PÉTION, GERMAIN, L'EMPEREUR, un piquet de soldats.

CÉLIMÈNE (se jetant aux genoux de l'Empereur.)

Grâce, grâce, mon père!

L'EMPEREUR.

Le traître s'était donc réfugié dans ce palais!

CÉLIMÈNE.

Sire, je suis seule coupable! je lui avais fourni asile!

L'EMPEREUR.

Qu'on le traîne en prison! Germain, Darran, vous me répondez de cet homme. (*On entraîne Chancy*).

CÉLIMÈNE.

Grâce, grâce, mon père! (*on entend un coup de pistolet*).

DARRAN (entrant).

Sire, le coupable a mis fin à ses jours.

PÉTION.

Enfin!

CÉLIMÈNE.

Sire, vous avez tué le père de mon enfant!

Le rideau baisse.

FIN.

UN

DUEL SOUS BLANCHELANDE.

DRAME HISTORIQUE EN QUATRE ACTES

PAR

LIAUTAUD ÉTHÉART.

Septembre 1858.

PERSONNAGES DE LA PIÈCE.

JOURDAIN.
GÉDÉON JOURDAIN.
GÉRIN.
BAPTISTE MARMÉ.
ELIACIN DUBOSC.
LE ROY DE KERMELER, Procureur du roi.
GALÈZ, major de la place.
CHEVALIER, maire de la ville.
LOUISE de VERTEUIL.
Madame de BELMONT.
RAYMOND.
Un exempt.
Un brigadier.
Un domestique.
Archers de la maréchaussée.

Le premier et le deuxième actes se passent, au Petit-Trou, chez Jourdain ; le troisième, au Port-au-Prince, chez madame de Belmont, et le quatrième, au Petit-Trou, chez Le Roy de Kermeler.

UN DUEL SOUS BLANCHELANDE.

ACTE PREMIER.

Un salon chez Jourdain.

SCÈNE PREMIÈRE.

JOURDAIN, GÉDÉON.

JOURDAIN.

Garde précieusement la fiole, mon fils, et souviens-toi de mes prescriptions, si le destin nous sépare un jour.

GÉDÉON.

Je n'oublierai rien, bon père.

JOURDAIN.

Ce breuvage m'a déjà sauvé la vie.

GÉDÉON.

Mes jours seraient-ils menacés ?

JOURDAIN.

Ne crains rien, mon enfant : je veille religieusement sur toi. Cependant sait-on ce que le ciel nous réserve ?.... Écoute : Quand j'étais de ton âge, j'entendais souvent parler autour de moi du préjugé de la peau, mais je n'en comprenais pas l'absurdité et l'injustice, mes jours s'écoulant heureux et tranquilles près de ma bonne mère, une sainte et noble femme !

GÉDÉON.

Jeanne Philippeaux : son nom restera éternellement gravé dans ma mémoire.

JOURDAIN.

L'amour et les tendres soins auraient entouré ton berceau, si elle t'avait vu naître. Quand je l'embrassais, en lui demandant tout bas le nom d'un père que je n'avais jamais vu, elle pleurait et me pressait dans ses bras comme pour me dire : « Ne me fais plus de semblables questions ; elles attristent mon cœur. »

GEDEON.

Mais mon grand père se nommait Jourdain : c'était un blanc, un colon.

JOURDAIN.

Oui... une nuit, c'est horrible à redire, on m'enleva de force à ma mère et je fus relégué sur un îlot, habité seulement par quelques pêcheurs.

GÉDÉON.

Malheur à qui dicta cet arrêt !

JOURDAIN.

Modère la fougue de ton âge. Conserve dans ton cœur le respect et l'amour pour celui qui voulut faire mourir ton père.

GÉDÉON.

Jamais.

JOURDAIN.

Encore une fois, vénère sa mémoire. Apprends que c'était mon père.

GÉDÉON.

Il n'aimait point son fils.

JOURDAIN.

Je fus remis à des pêcheurs, et condamné à mourir. Mon père, faisant allusion aux scènes de carnage dont le Nord de Saint-Domingue a été le théâtre, leur avait dit : « Emportez-le et délivrez-moi bientôt de ce petit Makandal.... cependant épargnez-le du fer ;.. mon sang coule dans ses veines. »

GÉDÉON.

Mais Jeanne Philippeaux...

JOURDAIN.

Elle avait tout entendu et tout compris. Résister, cela lui était impossible ; mais les mères, que ne peuvent-elles pour sauver leurs enfants ! Le lendemain, elle me revoyait en secret et me remettait une fiole semblable à celle que je te donne aujourd'hui. Je luttai long-temps contre mes bourreaux désespérés de ne pouvoir arriver à leurs fins pour recevoir la récompense promise à leur crime. Enfin un jour, j'avais alors neuf ans, je remarquai avec effroi que je ne possédais plus les moyens de me défendre : je baissai la tête, je réfléchis, et Dieu vint à mon secours.

GÉDÉON.

Merci, seigneur, merci, vous qui m'avez conservé un si bon père.

JOURDAIN.

Le soir même, j'entrai seul dans une petite barque des pêcheurs ; tout protégeait mon évasion : un ciel pur et serein où brillaient les feux d'une myriade d'étoiles semblait se contempler avec bonheur dans la mer calme et unie ; la brise d'Ouest soufflait, faiblement, il est vrai, mais assez pour conduire ma petite embarcation dans le port du Petit-Trou. Après avoir déployé ma voile au vent, je m'assis à la poupe et tins ferme le gouvernail. Pendant un instant, Gédéon, j'oubliai tout pour contempler avec extase le spectacle qui se présentait à mes yeux. Que notre nature est belle, mon fils, et est-il possible que Dieu nous ait donné un si beau ciel et ait condamné nos frères à rester éternellement eslaves, le front courbé vers la terre ! Non, il leur permettra un jour de relever fièrement la tête pour admirer la majesté de son œuvre.... Ma barque, balancée par le vent, glissait rapidement sur les flots, et dans la même nuit, je revoyais ma mère. Je me tins caché pendant longtemps jusqu'au jour où il me fallut de nouveau quitter tout ce que j'aimais pour aller combattre, avec les Chavannes, les Rigaud, les Beauvais, aux champs de Savannah.

GÉDÉON.

Mais moi, mon père, aurai-je jamais à me défendre ainsi? Qui peut me séparer de vous?

JOURDAIN.

Mon enfant, le volcan se remue sous nos pieds : il faut s'attendre à tout. Certes, je te défendrai, au péril de ma vie; mais si jamais, nous sommes séparés, n'oublie pas mes prescriptions et songe à imiter ton père.

GÉDÉON.

Ce sera fait comme vous le désirez. Maintenant, embrassez-moi : Louise m'attend ce matin.

JOURDAIN.

Tu vas donc chez le procureur du Roi?

GÉDÉON.

Vous savez, mon père, que les appartements de Louise sont séparés, et que l'on peut aller chez elle sans passer par la maison de Monsieur de Kermeler.

JOURDAIN (l'embrassant).

Va, mon fils, va.

GÉDÉON (fausse sortie).

Que vois-je? c'est Louise qui arrive. Comme elle paraît agitée!

SCÈNE DEUXIÈME.

JOURDAIN, GÉDÉON, LOUISE.

JOURDAIN.

Qu'y a-t-il, Louise? Pourquoi cette pâleur répandue sur vos traits, cette précipitation à vous rendre chez moi?

LOUISE (à Jourdain).

Faites sortir cet enfant. (*Sur un geste de son père, Gédéon sort*). Jourdain, si j'étais une femme vulgaire, je craindrais de franchir le seuil de cette porte, je craindrais de pénétrer chez un homme qui m'aime, et que d'odieux préjugés me défendent d'épouser. Mais je suis du sang des Verteuil et je viens vous dire : « Accordez-moi votre protection, sauvez-moi, donnez-moi les moyens de passer au Port-au-Prince pour fuir un homme que je hais et que je méprise.

JOURDAIN.

Vous êtes ici chez moi, vous serez respectée ; et nul, pas même Monsieur Le Roy de Kermeler, votre tuteur, le superbe procureur du roi, ne vous arrachera de cette maison. Mais quels dangers vous menacent?

LOUISE.

En deux mots, vous le saurez : mon tuteur, pour se rendre maître d'une lettre que je vous adressais, vient d'employer tous les moyens que l'astuce peut inventer. Voyant que rien ne réussissait, il s'est servi de la violence et a poussé l'audace jusqu'à me frapper.

JOURDAIN.

Oh! honte à celui qui profite de la faiblesse d'une femme pour l'outrager à ce point!

LOUISE.

De plus, enviant ma fortune, « Mlle de Verteuil, » m'a-t-il dit, « bientôt vous vous appelerez madame Le Roy de Kermeler. Oubliez vos amours avec l'affranchi Jourdain. » Et ces mots d'amours et d'affranchi étaient articulés, syllabe par syllabe, avec le sourire de l'ironie.

JOURDAIN.

Louise de Verteuil, épouser Le Roy de Kermeler, quelle amère dérision! L'innocence, la vertu peuvent-elles s'allier à l'hypocrisie et au vice? Ne serait-ce pas une alliance que votre père, M. le comte de Verteuil, vous reprocherait du fond de son tombeau? Votre père, je l'ai connu, ne ressemblait en rien à Monsieur de Kermeler... c'était un noble caractère, et s'il vivait, il marcherait de front avec les Galèz et les Chevalier.

LOUISE.

Aussi, c'est pour ressembler à mon père que je vous dis : « Fuyez, Jourdain, partez aujourd'hui même; demain peut-être, il ne sera plus temps. »

JOURDAIN.

Que dites-vous ?

LOUISE.

Demain une grande réunion aura lieu à l'église, et, à la face de Dieu, on osera vous demander un serment avilissant.

JOURDAIN.

Ah! c'est le deuxième tome de la réunion de Plassac, dans l'Artibonite, qu'on veut avoir au Petit-Trou. On veut exiger sans doute de Gérin, de Marmé, de Dubosc, de Jourdain, le serment civique auquel on ajoutera la terrible formule de respect envers les blancs. Certes, le serment civique ne déshonore pas : Jurer fidélité à la nation, à la loi, au roi, c'est le devoir de tout bon citoyen. Nous appartenons à la nation, nous faisons les lois, et le roi est le premier d'entre nous. Mais jurer de respecter... Oh! non! Qu'avec plaisir, on prêterait ce serment, si on ne voyait devant soi que les Galèz, les Chevaliers de ces blancs qui se font estimer par leur noble conduite et qui vivent en famille avec leurs enfants de couleur! Mais quand on se rappelle, qu'à côté de ces hommes, il y a un Kermeler, alors il est grand de refuser et de mourir, s'il le faut.

LOUISE.

Non, fuyez plutôt avec moi, avec votre enfant. Je suis libre, nous passerons en France et alors...

JOURDAIN.

N'achevez pas. Fuir dans cette noble France, au moment où elle secoue son joug, au moment où elle proclame nos droits, ce serait une lâcheté, et vous-même, me condamneriez d'avoir agi ainsi. Abandonner mes frères, quand ils réclament ma protection, quand ils ont besoin de mon bras, ce ne serait pas me montrer digne de vous. Ne voyez-vous pas que la mesure est comblée, que les colons, nos oppresseurs, amoncellent sur leurs têtes les nuages précurseurs du terrible orage qui va fondre sur eux?

LOUISE.

A quoi pensez-vous donc?

JOURDAIN.

Je veux que mes frères jouissent des droits que la justice de la France a proclamés. Et un jour viendra peut-être où je couronnerai l'œuvre par leur émancipation générale.

LOUISE.

Cette lutte est au-dessus de vous. Vivez, sinon pour moi, du moins pour votre enfant.

JOURDAIN.

La tyrannie des colons nous soutiendra dans la lutte que nous allons ouvrir contre eux. Saint-Domingue est fille de la France : le mouvement révolutionnaire qui s'y accomplit en ce moment ne peut manquer d'avoir un écho dans notre pays.

LOUISE.

Les forces sont inégales, songez-y.

JOURDAIN.

Sur tous les points de l'île, on se prépare. Nous avions juré de n'être jamais les agresseurs, mais aujourd'hui ce sont les colons qui nous convient au combat. Il entre peut-être dans les vues de la Providence de laisser remplir le vase, pour qu'il déborde.

LOUISE.

Et que comptez-vous faire, si demain on vous appelle à la réunion ?

JOURDAIN.

Demain, il sera temps d'y penser. Dans les grandes commotions politiques, comme celles qui vont avoir lieu, on ne peut rien prévoir, rien calculer. Laissons marcher les événements. Que de fois, n'a-t-on pas vu échouer l'entreprise la mieux combinée, parce que les chefs ont voulu suivre pas à pas le plan qu'ils s'étaient tracé! Notre but est connu : c'est d'arriver à améliorer le sort de nos frères. Qu'importe la route, pourvu que le but soit atteint? Quand viendra demain, quand se lèvera ce fatal jour du serment de respect, je dirai à mes frères : « Suivez-moi » et le Dieu des armées nous conduira à la victoire.

LOUISE.

Mais votre maison sera envahie, et votre fils...

JOURDAIN.

Oui, vous avez raison. L'amour de mes frères me fait oublier mon fils, me porte à vous oublier, vous, Louise, que j'aime et que je vénère. Mais vous ne savez pas, comme moi, combien l'esclavage est odieux: vous n'avez jamais vu un homme de votre race se tordre les bras dans les convulsions du désespoir, pendant qu'un maître inflexible lui déchire le corps de ses lanières impitoyables. Et tandis que le malheureux souffre et se plaint, ils sont là trois ou quatre qui rient de ses souffrances, qui encouragent l'exécuteur avec leurs féroces plaisanteries, jusqu'à ce que le martyr ait le bonheur de succomber.

LOUISE.

Comme vous, je gémis à de pareils tableaux. Comme la vôtre, mon âme se soulève devant de telles atrocités, et je n'ai pas besoin que ce soit un homme de ma race qui souffre pour souffrir avec lui. D'ailleurs, cette grande vérité que « tous les hommes sont frères » est le guide de ma conduite, et pour moi, Louise de Verteuil, fille de colon, fille de noble, la blancheur de la peau n'est rien, la noblesse n'est rien, si à la noblesse et à la blancheur du teint, on n'unit pas les belles qualités de l'âme.

JOURDAIN.

Ce sont là de nobles sentiments. Vous voilà telle que je vous ai souvent rêvée. Mais il faut songer à vous garantir de la persécution de votre tuteur... on vient... Entrez ici.

SCÈNE TROISIÈME.

JOURDAIN, CHEVALIER, GALÈZ.

CHEVALIER.

Monsieur, nous sommes venus, le major Galèz et moi faire auprès de vous une démarche, qui, je l'espère, sera couronnée de succès, car nous vous connaissons homme de cœur et de principes.

JOURDAIN.

Je suis heureux, monsieur le maire, d'avoir pu mériter votre estime à ce point; l'estime des gens de bien est pour moi le plus sûr garant que je n'ai jamais dévié un seul instant de la ligne de conduite que je me suis tracée. Mais veuillez vous asseoir, messieurs.

GALÈZ.

Nous nous connaissons assez pour ne pas perdre notre temps en d'inutiles préambules. Je ne viens point ici en ma qualité de major de la place, ni M. Chevalier, comme maire. C'est en amis que nous vous disons : « Nous venons d'apprendre un fait scandaleux dont toute la ville est effrayée et nous vous prions de ne pas ajouter le comble à ce scandale en gardant plus long-temps chez vous Mlle Louise de Verteuil, pupille de M. le procureur du Roi.

JOURDAIN.

Avant tout...

CHEVALIER.

Pardon, si je vous interromps. Permettez-moi d'ajouter quelques mots aux paroles de monsieur le major. La réputation d'une femme est quelque chose de sacré que tout honnête homme doit prendre à tâche de ne pas ternir. Cette réputation se perd facilement : le moindre doute l'anéantit.

JOURDAIN.

Je vous parle en thèse générale : doit-on de la protection au faible? Est-ce à l'opprimé ou à l'oppresseur...

CHEVALIER.

Il n'y a ici ni oppresseur ni opprimé...

GALÈZ.

Il y a une femme à sauver et à cause d'une passion qui vous aveugle, vous hésitez !

JOURDAIN.

Vous blâmez ma conduite, messieurs. Cependant si une femme vous demandait protection contre un persécuteur, je le demande à vous, hommes d'honneur, quelle serait votre conduite?

GALÈZ.

A-t-on besoin de le demander? mais je ne vois pas

la similitude de ces deux positions : Mlle Louise de Verteuil est la pupille de Monsieur le procureur du roi et elle a laissé sa maison pour se rendre chez vous.

CHEVALIER.

Cette action soulève contre elle tous les cancans de la ville et lui fait perdre en un instant ce qu'elle a de plus cher et de plus sacré en ce monde.

JOURDAIN.

Mademoiselle de Verteuil est au-dessus des préjugés. La conscience de sa vertu réside dans son cœur. Aux accablantes questions qu'on pourra lui adresser, elle répondra : « J'ai laissé la maison de mon tuteur parcequ'il m'outrageait, parce qu'un jour il a poussé le despotisme jusqu'à me frapper ! »

GALÈZ.

Que dites-vous ?

JOURDAIN.

Je l'ai fui, car outre les traitements odieux qu'il me faisait subir, il voulait me porter à changer mon nom de Verteuil, un noble nom, exempt de souillure, contre celui de Le Roy de Kermeler, entaché de déshonneur et d'infamie.

CHEVALIER.

Qu'entends-je ?

JOURDAIN.

Je l'ai abandonné, car j'avais déjà promis mon cœur et ma main à l'homme de mon choix, qui jure de me défendre, au péril de sa vie, contre toute agression de mon lâche persécuteur.

GALÈZ.

Monsieur, s'il est beau de prendre le parti du faible, il n'est pas séant d'outrager les absents qui ne peuvent répondre.

JOURDAIN.

Ces paroles, je les répéterais au procureur du Roi,

s'il était présent. Et je regrette qu'il ne soit pas là pour les entendre. Je le connais, il a du courage, celui-là seulement qui porte deux hommes à se mesurer l'un contre l'autre, et nul doute qu'en m'entendant parler ainsi, il ne se fût décidé (*souriant*) à tenir le fer contre moi, malgré l'immense intervalle qui nous sépare, puisqu'il est blanc et moi noir.

CHEVALIER.

Cette ironie ne peut s'adresser à nous. Notre caractère est assez connu pour que nous nous dispensions de nous défendre de ce préjugé.

JOURDAIN.

Pardonnez un mot que la colère m'a fait lancer. Oui, je me plais à vous rendre cette justice en votre présence : si toutes les autorités de la ville avaient votre caractère, nous ne serions pas peut-être à la veille d'événements dont l'issue est encore un secret pour tous. Le blanc et le noir, pour vous, sont des hommes égaux en droits, et ce que la France proclame, vous le reconnaissez aussi. D'ailleurs, quel tableau plus parlant que le spectacle de votre maison ! vous aimez vos enfants de couleur, vous vivez avec eux, et vous les entourez de tous les soins de bons pères de famille. Aussi, je ne vous le cache pas, je vous respecte et vous vénère, non pas à cause du pouvoir qui réside dans vos mains, mais parce que vous êtes hommes dans le sens le plus élevé de ce mot.

GALÈZ.

Eh bien ! prouvez-le nous, ce respect, en faisant ce que nous désirons pour votre honneur, pour celui de la femme que vous aimez, pour le bonheur de vos frères. Qui sait où cette rivalité vous conduira?

JOURDAIN.

Que penserait...

GALÈZ.

Nous vous le répétons, nous faisons une démarche de conciliation. Nous n'avons point vu le procureur du Roi, puisque nous ignorions tous les faits que vous venez de révéler. C'est en ville que nous avons tout appris. Et nous sommes vite accourus pour vous porter à faire ce que le devoir et la saine raison exigent.

JOURDAIN.

Que penserait mademoiselle de Verteuil si j'allais lui dire : « Retournez chez Monsieur Le Roy de Kermeler. »

CHEVALIER.

Cependant, peut-elle demeurer chez vous ? A quel titre lui accordez-vous cet asile ? Songez encore à sa réputation, et si vous voulez qu'elle soit intacte, vous ferez comme nous vous le disons.

JOURDAIN.

Aussi, n'ai-je pas pensé à garder mademoiselle de Verteuil chez moi. Elle sera confiée aux soins d'une femme, la sœur de Jeanne Philippeaux, jusqu'à ce qu'elle prenne ses dispositions pour se rendre au Port-au-Prince, et de là, en France, où elle ira connaître, sous le ciel de son pays natal, les douceurs de la vie de famille.

GALÈZ.

Mais vous comprenez que le procureur du Roi ne se laissera pas écraser aussi facilement. Il est placé pour faire respecter la loi, et les lois ordonnent à mademoiselle de Verteuil de se rendre chez celui que son père mourant a choisi pour le remplacer.

JOURDAIN.

C'est vrai, la loi le veut ainsi. Elle protége le fort contre le faible, mais le faible luttera, c'est son droit.

CHEVALIER.

Les lois sont donc injustes, selon vous.

JOURDAIN.

Quelquefois. Mais nous sommes obligés de leur pardonner le mal qu'elles font, en raison de la quantité de bien qu'elles procurent. D'ailleurs, mademoiselle de Verteuil a atteint un âge qui lui donne la liberté d'agir, comme cela lui plaît.

GALÈZ (se levant ainsi que les autres).

Toutes discussions deviennent inutiles : il ne nous reste plus qu'à nous retirer. Nous avons rempli notre devoir en hommes qui ne songent qu'au bien de tous. Songez que vous assumez sur votre tête une terrible responsabilité, et qui aura peut-être, je ne le désire pas, les suites les plus fâcheuses.

JOURDAIN.

Je suis décidé à tout.

SCÈNE QUATRIÈME.

JOURDAIN (seul).

Oui, la lutte est ouverte entre nous : aujourd'hui, lutte de sentiment, demain, nous combattons dans l'arène politique. Il faut qu'aujourd'hui même, je voie Gérin, Marmé, Dubosc, et que nous prenions des dispositions énergiques à propos de ce serment.

SCÈNE CINQUIÈME.

JOURDAIN, GÉRIN, MARMÉ, DUBOSC.

GÉRIN.

Le major de la place et le maire sortent d'ici ; nous avons eu l'honneur de les saluer en entrant chez vous.

DUBOSC.

Ils paraissaient bien agités.

MARMÉ.

Ils causaient, je crois, de monsieur le procureur du Roi et de sa pupille.

JOURDAIN.

En effet, Marmé, c'était le sujet de leur conversation.

GÉRIN.

Ne nous occupons point de ces messieurs. (*S'adressant à Jourdain*). Sommes-nous en sûreté chez vous?

JOURDAIN.

Vous me le demandez, Gérin?

DUBOSC.

Oui, nous avons à vous entretenir d'une affaire grave, et nous voulons savoir s'il n'y a point dans votre maison quelque traître capable de nous dénoncer.

JOURDAIN.

Il me semble, jeune homme, que vous me faites subir un interrogatoire. Prenez garde à vous, Dubosc; je suis le maître ici, et de plus votre chef à tous trois.

DUBOSC.

Rien n'est plus vrai. Cependant, si vous êtes le premier d'entre nous, il ne faut pas oublier le serment que vous avez prêté le jour que d'une voix unanime, nous vous avons appelé à notre tête.

MARMÉ.

Vous avez juré de servir la cause avec conscience et dévoûment, et de répondre quand le comité l'exigera, à toutes les questions que l'on vous fera pour le bien général de l'association.

GÉRIN.

Le comité est complet et se réunit chez vous pour vous parler. C'est agir avec modération ; car il aurait le droit de vous appeler autre part : nos règlements là-dessus sont formels.

JOURDAIN.

Ma maison vous paraît suspecte, messieurs. Vous semblez dire, ou plutôt vous dites que j'ai trahi les intérêts de la cause. Eh bien! agissez, déposez-moi, vous en avez le droit, sauf à en instruire le comité général du Port-au-Prince. Mais venir me demander si ma maison est sûre et prétendre me faire répondre à cette question, vraiment, vous plaisantez. Gérin, vous étiez mon lieutenant, il y a un moment. Dès à présent, vous êtes mon chef et j'attends les ordres que vous me donnerez, prêt à agir avec le même dévoûment en second, comme je le faisais à votre tête.

GÉRIN.

Non, Jourdain, point de désunion entre nous. Les talents que vous avez pour diriger, je ne les possède pas. Je n'ai pas eu l'honneur de combattre et de cueillir des lauriers aux champs de Savannah. Restez donc toujours notre chef. Et parce que vous êtes notre chef, nous vous sommons de répondre à nos questions, nous réservant plus tard de vous faire connaître les motifs de tant de précautions.

MARMÉ.

Oui, oui, c'est ce que nous voulons.

JOURDAIN.

Quoique je ne vous conçoive pas encore, pour ne pas traîner la discussion dans des longueurs inutiles, je me décide. Oui, messieurs, ma maison est sûre; elle ne contient que des amis, et par ce mot, j'entends des personnes disposées à mourir pour le triomphe de la cause. Je le jure sur l'honneur.

DUBOSC.

Sur l'honneur, il l'a dit. Maintenant défendez votre porte.

MARMÉ.

Le plus sûr est de la fermer. Nous serons prévenus si quelqu'un arrive. (*Jourdain va fermer les portes du fond*).

GÉRIN.

Un agent secret vient d'arriver du Port-au-Prince et m'a remis une lettre adressée au comité du Petit-Trou.

JOURDAIN.

Et vous ne me remettez pas cette lettre au plus vite? Parlez. Que contient-elle? nos frères demandent peut-être des secours et nous restons inactifs !

GÉRIN.

Je n'ai pas le droit d'ouvrir cette missive, puisque vous êtes présent : je viens donc vous l'apporter. Mais mon devoir était de convoquer Marmé et Dubosc, et de les consulter sur cette question : le droit de prendre connaissance de cette lettre, vous l'aviez hier. Mais aujourd'hui que vous avez donné asile à la pupille du procureur du Roi, l'homme le plus acharné contre nous...

JOURDAIN.

Arrêtez, vous voilà revenu à vos suspicions contre moi? Quel est le but de notre association? n'est-ce pas de protéger le faible contre le fort? Eh bien! j'ai rempli un des devoirs de la cause en recevant chez moi mademoiselle de Verteuil, outragée, frappée par Le Roy de Kermeler. J'ai rempli mon mandat, parce qu'en agissant ainsi, j'intéresse les blancs même à notre triomphe. D'ailleurs, je ne crains point de vous le dire : mon cœur me dictait ce devoir et je ferai ma femme de mademoiselle Louise de Verteuil, dès que les formalités nécessaires à cette union pourront être remplies.

DUBOSC (avec indignation).

Épouser une blanche!

JOURDAIN.

Nul plus que moi ne gémit de l'esclavage, ne désire l'affranchissement des noirs, n'est disposé à donner son sang et sa vie pour arriver à ce but. Et cependant, cette union que j'ai rêvée si souvent, je l'accomplirai avec joie; car elle prouvera à l'humanité entière qu'en réclamant la liberté pour nos frères et l'égalité pour tous, nous voyons l'homme et non la couleur. Oui, prouvons à nos oppresseurs que les nobles sentiments ne sont pas éteints dans nos cœurs, et tandis qu'ils nous avilissent de leurs sarcasmes amers, qu'ils nous mettent au rang de la brute, montrons-leur que nous avons de l'homme ce qui rend grand et fort, la noblesse de l'âme et du caractère.

GÉRIN.

Ce sont là de belles paroles. Mais pour ma part, je repousse une pareille union. Sacrifiez plutôt cet amour: c'est un aspic qui vous percera le sein.

JOURDAIN.

Lorsqu'en France, tant d'éloquentes voix parlent en notre faveur, combattent nos détracteurs avec avantage, vous osez tenir ce langage, Gérin. Que diraient les amis des noirs, ces hommes vertueux et courageux, s'ils apprenaient que celui qui proclame hautement ici l'égalité de tous et l'absurdité du préjugé de couleur, que Jourdain, aimant une blanche, aimé d'elle, n'a pu se décider à l'épouser, à cause de sa peau? Mais c'est le ridicule que vous jetez sur vous! Mais c'est votre défaite que vous appelez, tandis que la victoire est tout près de vous! Nos amis diraient : Abandonnons ces hommes à leur malheureux sort, plaignons-les, c'est ce qui nous reste maintenant à faire, car tandis que nous combattons pour eux les préjugés de la peau, ils nous font voir eux-mêmes qu'ils les ont enracinés dans leurs cœurs.

MARMÉ.

Qu'on dise ce que l'on veut, mais moi, je prétends que s'unir à une blanche au moment où les blancs avilissent notre race est indigne du chef du comité révolutionnaire.

DUBOSC.

Aussi mon opinion est que dans les circonstances, nous devons prendre seuls connaissance de la lettre et en aviser sans retard le comité du Port-au-Prince.

JOURDAIN.

Si je ne me croyais pas nécessaire au salut de la cause, je vous dirais : « Allez, messieurs, agissez à votre guise et puissiez-vous ne pas vous repentir de votre conduite! Mais je ne ferai pas ainsi, parce que je vois que la passion vous aveugle et que je pense à la position malheureuse de nos frères. Écoutez : ma première femme était noire ; c'est d'elle, vous le savez, que j'ai eu mon petit Gédéon.

GÉRIN.

Oui, celle-là, on pouvait au moins compter sur sa fidélité.

JOURDAIN.

Mademoiselle de Verteuil irait peut-être dénoncer nos projets au procureur du roi. Eh bien! vous qui parlez de fidélité, qui pensez que l'orgueil d'être aimé d'une blanche me portera à trahir mes devoirs ou à ne rien faire pour la réussite de l'entreprise, savez-vous ce qui aura lieu demain ?

TOUS.

Demain!

JOURDAIN.

Vous l'ignorez, vous, mes accusateurs et mes juges. Je vais vous l'apprendre. (*Il sort avec précipitation*).

SCÈNE SIXIÈME.

GÉRIN, MARMÉ, DUBOSC.

MARMÉ.

Que va-t-il faire?

DUBOSC.

Comment agir en cette circonstance?

SCÈNE SEPTIÈME.

GÉRIN, MARMÉ, DUBOSC, JOURDAIN, LOUISE.

LOUISE.

Compagnons de Jourdain, émules de son courage et de la gloire qui l'attend, vous qui doutez de ma fidélité à la grande cause pour laquelle vous allez combattre, apprenez que demain, M. Le Roy de Kermeler prétend vous avilir. Demain, il veut vous faire prêter le serment civique auquel on a ajouté la formule de respect aux blancs. Douterez-vous encore de ma sincérité, moi femme qui ai supporté les outrages de mon tuteur, moi qui ai foulé aux pieds les dangers de la situation, pour vous prévenir de ce péril? Mais votre déshonneur c'était le mien, car j'ai juré d'avoir pour époux celui que vous avez placé à votre tête.

GERIN.

Pardon, madame, pardon d'avoir douté de vous.

LOUISE.

Jourdain, quand toutes les dispositions seront prises, dites-moi les couleurs des bannières que ces messieurs seront chargés de défendre. Je veux les broder de ma main et les remettre moi-même à ces nobles défenseurs de la plus sainte de toutes les causes.

DUBOSC.

Par pitié, madame, n'ajoutez plus rien à vos révélations, à vos sublimes paroles. Jourdain, nous acceptons les bannières; mais avant tout, que Mlle de Verteuil les bénisse : ce sera la garantie de notre victoire.

MARMÉ (à Gérin).

Remettez la lettre à Jourdain et demandons-lui pardon des outrages dont nous l'avons abreuvé sans motif. (*Gérin passe la lettre à Jourdain qui la décachète et lit*).

LOUISE (pendant que Jourdain lit).

Mes amis, je vous quitte. Pensez à demain et prenez toutes les mesures pour que vous soyez victorieux. (*Elle sort*).

JOURDAIN (après avoir lu).

Une grande réunion doit avoir lieu au Port-au-Prince. Le comité général nous y appelle. Il nous engage à profiter d'un moment favorable pour rompre définitivement avec nos oppresseurs. Les mêmes ordres sont donnés à Jacmel, à Vissière; au petit Goave, à Ignace; aux Cayes, à Boury; à l'Arcahaie, à Cameau, à Lapointe et à Chanlatte. Un moment favorable, Messieurs, c'est Dieu qui nous l'envoie. Demain, exaltons la fureur de nos prétendus maîtres, en refusant tous de prêter le serment de respect et partons pour le Port-au-Prince où le devoir nous appelle. Jurez avec moi.

TOUS.

Nous le jurons !

JOURDAIN.

Gérin, partez, conduisez ici l'envoyé du comité : je vous remettrai dans un instant une réponse à la dépêche. Marmé, que notre bateau soit prêt à lever l'ancre au premier signal. Vous, Dubosc, allez près de nos frères et passez-leur le mot d'ordre : Refus solennel d'adhérer aux ordres du Procureur du Roi. Et tous, messieurs, songez à demain. (*Tous sortent, excepté Jourdain.*)

SCÈNE HUITIÈME.

JOURDAIN (seul).

La lutte s'ouvrira donc en même temps sur tous les points de l'île. J'approuve pleinement cette résolution du comité général. Trop longtemps nous avons souffert, trop longtemps, nos frères, courbés sous le poids de l'esclavage, nous appellent à leur secours. N'entendez-vous pas leurs cris de désespoir, mêlés au bruit de leurs chaînes. Ils lèvent les yeux au ciel : ils demandent des vengeurs. Nous voici, race opprimée, voici ceux que vous attendez et qui jurent de vous donner la liberté et une patrie. Liberté ! Patrie ! Que ces mots sont doux à prononcer ! Qu'ils seront nobles et grands, ceux qui prodigueront leur sang pour y arriver ! que de fleurs jetées sur leurs tombes ! que de larmes versées sur leurs cercueils ! que de gloire rejaillira sur leur postérité ! Esclaves, brisez vos chaînes, respirez l'air embaumé de la liberté, regardez le ciel de la patrie et remerciez Dieu de vous avoir procuré ces jouissances !

SCÈNE NEUVIÈME.

JOURDAIN, KERMELER.

(Les portes et les fenêtres du fond s'ouvrent et il y a foule à écouter).

KERMELER.

Voici une visite qui certes a droit de vous étonner, monsieur : vous deviez vous attendre si peu à me voir chez vous.

JOURDAIN.

Monsieur le Procur eur du Roi, votre présence chez moi ne m'étonne nullement; et bien plus, je vous avouerai franchement que je m'attendais aujourd'hui ou demain, un de ces jours enfin, à l'honneur que vous me faites en ce moment.

KERMELER.

Ce qui me fait supposer que vous avez préparé pour me combattre toute la somme d'arguments dont vous pouvez disposer, car vous savez, je n'ai pas besoin de vous l'expliquer, le motif qui me conduit chez vous.

JOURDAIN.

Je n'ai point l'habitude de préparer d'avance ce que je dois dire dans une discussion, quand même je suis certain de la supériorité de mon adversaire : enfant du hasard, c'est au hasard que je laisse le soin de diriger mes actions et mes paroles. Ainsi doivent agir tous ceux qui ont la conscience de la bonté de leur cause. C'est donc au hasard seul aujourd'hui que vous vous en prendrez, s'il vient à me donner le talent de l'improvisation que vous possédez, m'a-t-on dit, remarquez que je n'affirme rien, à un si haut point.

KERMELER.

Voilà une conversation qui menace de devenir intéressante. Avant de l'entamer, permettez-moi de m'étonner, vous qui ne vous étonnez de rien, du peu de politesse que vous avez employé pour me recevoir. Je ne vous ai point surpris, vous m'attendiez chez vous, et quand ce ne serait que pour user des phrases banales dont on se sert dans le monde, vous devriez, je crois, m'offrir à m'asseoir : c'est l'usage de la bonne société.

JOURDAIN.

C'est une leçon dont j'essaierai de profiter pour l'avenir, et je suis heureux de l'avoir reçue, moi qui ignore tout-à-fait les usages de la bonne société. Mais vous m'excuserez, j'en suis sûr, car la faute n'est pas à moi, si je n'ai pas reçu les principes d'une éducation sévère. Soldat presqu'à ma naissance, élevé dans les camps, de plus fils de blanc et de négresse, ce qui me donne la faculté de jouir des droits que la France a reconnus aux affranchis, il n'est pas étonnant que je sois si peu initié aux coutumes de la saine aristocratie, et il est presque prouvé que je dois ignorer ces formules de politesse dont vous semblez faire tant de cas. D'ailleurs, monsieur, je pouvais supposer que vous, Procureur du Roi, vous étiez au-dessus des banalités de ce monde, puisque vous êtes entré chez moi, sans me saluer, sans ôter même votre chapeau que vous gardez encore sur la tête.

KERMELER.

Vous ne vous êtes point trompé Je suis, en effet, par la position que j'occupe, au-dessus des vulgarités terrestres et je ne vous en ai parlé que comme préambule à la conversation. Je dois ajouter que j'ai pour habitude de m'incliner seulement devant mes supérieurs.

JOURDAIN.

Nous différons sur ce point : si j'étais, comme vous, placé au sommet de l'échelle sociale, j'aimerais à m'incliner aussi devant mes inférieurs; j'agirais à leur égard sans aucune arrogance pour mériter leur estime et leur considération. (*Jourdain s'assied*).Mais vous pouvez vous asseoir, car je commence à croire que la conversation menace de se prolonger, pour employer votre mot.

KERMELER (s'asseyant, retire son chapeau).

Pour me trouver d'accord avec vous sur un point, je suis volontiers votre exemple. Maintenant, écoutez-moi : « Mlle Louise de Verteuil, ma pupille, celle à qui la loi ordonne respect et obéissance envers moi, a fui ma maison et est venue chercher un asile dans la vôtre Savez-vous que la loi me donne plein pouvoir, pour cet écart, de la faire enfermer dans une maison de réclusion ?

JOURDAIN.

Je connais très peu les prescriptions du code humain. Mais je sais que celui de Dieu pèse les torts réciproques avant de juger. Nos lois, qui sont calquées sur les lois divines, ne peuvent procéder différemment, si elles ne veulent pas passer pour injustes; ce que je viens de vous dire me fait penser que si le code parle de maison de réclusion pour les pupilles récalcitrantes, il doit aussi infliger des peines aux tuteurs qui oublient la sainteté de leurs devoirs.

KERMELER (se levant).

Trop longtemps, monsieur, j'ai enduré vos paroles injurieuses que vous cachez sous les apparences d'une froide politesse : c'est comme tuteur de Mlle Louise de Verteuil, c'est comme son père, c'est comme son maître que je viens vous dire : « Rendez-la-moi. »

JOURDAIN.

Voilà que vous vous fâchez et que vous saisissez un prétexte tout-à-fait frivole, puisque je parle généralement, par lancer sur moi toute la fougue de votre improvisation. Le sang-froid convient aux hommes revêtus d'un mandat aussi sacré que le vôtre : sans cette qualité, vous pouvez être injuste et partial. Suis-je venu chez vous vous enlever Mlle Louise de Verteuil ? N'est-ce pas elle au contraire qui, mécontente de vos procédés, elle me l'a dit elle-même, est venue réclamer ma faible protection ? Il est vrai que vous êtes son tuteur, que vous devez être pour elle un père, mais quant à être son maître, c'est un mot que vous me permettrez de repousser.

KERMELER (il se rassied).

Prétendez-vous me contester mes droits de tuteur ?

JOURDAIN.

Je ne vous conteste rien. Je ne fais qu'émettre mon opinion sur la difficulté qui nous divise. Il ne m'est pas permis d'accepter le mot de maître, moi qui crois l'esclavage une chose impie, et qui en outre, voudrais proclamer hautement l'émancipation de la femme.

KERMELER.

L'émancipation de la femme ! ce sont là les brillantes idées que vous avez rapportées de la guerre d'Amérique ! N'y avait-il pas dans votre armée une espèce de fou, se proclamant philosophe et prêchant des doctrines qui, si on les mettait en pratique, bouleverseraient la société entière ? L'émancipation de la femme ! c'est donc là tout le bagage que vous avez recueilli à Savannah !

JOURDAIN.

J'y ai recueilli autre chose, monsieur. Et je vous le montrerai par la suite, si, comme je l'espère, nos relations ne s'arrêtent pas là. Mais vous parlez du comte de Saint-Simon ! connaissez-vous un peu les doctrines de cet homme, issu de l'illustre famille des Vermandois, de cet homme que je m'enorgueillis d'avoir connu et dont j'ai cultivé l'amitié pendant de trop courts moments ? Lui certes, qui n'est pas un anobli, il attaquera un jour tous les privilèges de la naissance; il anéantira la dernière trace de servage; il améliorera le sort de l'humanité et sapera par leurs bases tous les vices qui déshonorent la société. Avec lui. plus d'esclaves, le grand mot de « Liberté » va retentir sur toute la terre. Ce sont en effet des idées qui doivent vous paraître folles et erronées, Monsieur le Procureur du Roi ?

KERMELER.

Faites-moi grâce des théories philosophiques d'un homme bon à enfermer dans les petites maisons, et soyez d'accord avec vous-même. Vous proclamez la liberté de la femme et vous préconisez le mariage, vous voulez même vous marier. Le mariage, comme vous savez, donne des prérogatives de maître à l'homme. Que ne vivez-vous dans le célibat ?

JOURDAIN.

Le mariage est à mon avis une institution trop sacrée pour prétendre faire de l'homme un maître et de la femme une esclave. Oui, je veux du mariage, parcequ'à mon sens, c'est une sainte association de deux personnes faites pour s'aimer, pour s'estimer ; mais je veux aussi de la liberté de la femme, cette liberté de penser, d'agir à sa guise; (*se levant*) et je n'admets point qu'un homme abreuve d'outrages, s'oublie jusqu'à frapper sa pupille sans que celle-ci ait le droit de demander protection et vengeance.

KERMELER (debout).

C'est donc le gant que vous me jetez, monsieur. Je l'accepte, soit. Mais souvenez-vous que c'est un duel à mort qu'il me faut, une de ces grandes luttes qui amènent l'anéantissement total du vaincu. Je veux être généreux jusqu'à la fin, c'est-à-dire que je n'userai pas de mon droit, celui de faire enlever de force Mlle Louise de Verteuil. Mais il faut que je la voie et que je lui remette devant vous ces papiers, qui me délivrent d'une tutelle aussi pesante pour elle que pour moi. (*Il tire quelques papiers de sa poche et se rapproche de la porte du fond... Louise entre.*)

JOURDAIN.

La voici qui se rend à vos vœux.

KERMELER (aux personnes assemblées.)

Messieurs, regardez cette femme, elle a passé la nuit dans cette maison; elle n'est plus ma pupille : c'est la maîtresse de l'affranchi Jourdain.

(*Le rideau baisse.*)

ACTE DEUXIÈME.

Même décor.

SCÈNE PREMIÈRE.

JOURDAIN, un archer.

(Au lever du rideau, l'archer de la maréchaussée est à la porte, sur le point de sortir.)

JOURDAIN.

Portez cette réponse à M. le Procureur du Roi ; dites-lui que, malgré ses ordres publiés hier dans la nuit, Jourdain ne s'avilira point. Dites-lui que je suis heureux de voir qu'il n'a pas perdu son temps et que tout mon bonheur est de trouver de rudes adversaires à combattre.

L'ARCHER.

Alors, monsieur, votre refus est formel.

JOURDAIN.

J'ai parlé.

L'ARCHER.

Cependant plusieurs de vos amis sont à la réunion.

JOURDAIN.

Ils ont cessé de l'être.

L'ARCHER.

Entre autres M. Dubosc.

JOURDAIN.

Sortez, calomniateur. Eliacin Dubosc s'est rendu à l'Eglise ! Est-ce à moi que vous ferez accroire cet atroce mensonge? Ce sont sans doute les leçons de M. Le Roy de Kermeler que vous me débitez là? Allez lui dire qu'il s'y prend mal pour m'attirer à la réunion.

L'ARCHER.

Mais c'est la vérité, monsieur. Je me suis rendu chez M. Dubosc, et il a tout de suite souscrit au désir du Procureur du Roi.

JOURDAIN.

Encore une fois, sortez, vous dis-je. Eliacin Dubosc! (*Entrent Gérin et Marmé*), mais vous ne savez pas combien vous vous exposez en le calomniant? Eliacin Dubosc! sortez. (*L'archer sort*).

SCÈNE DEUXIÈME.

JOURDAIN, GÉRIN, MARMÉ.

GÉRIN.

Cet archer est venu sans doute vous intimer l'ordre de vous rendre à la réunion.

JOURDAIN.

Et vous devez savoir la réponse que je lui ai faite.

MARMÉ.

Certes, comme Gérin et moi, vous avez dû répondre par un refus formel. Ah! pourquoi Dubosc n'a-t-il pas suivi notre exemple!

JOURDAIN.

Que dites-vous? ce que cet archer a avancé est donc vrai?

MARMÉ.

Je dis que Dubosc est un traître et que nous sommes trahis.

GÉRIN.

Le lâche! Il a eu peur et sans observation, il s'est rendu à l'Eglise où l'attendent la honte et le déshonneur. La nuit est assez belle : Marmé et moi l'avons vu passer. Il avait la tête basse et n'osait pas même nous regarder.

JOURDAIN.

Mes amis, un moment. Laissez-moi encore douter. Je préfère le doute à cette accablante réalité ! Eliacin Dubosc s'avilirait à ce point ! Hommes ! Hommes ! Race orgueilleuse qui se proclame à haute voix la première de la création par l'intelligence et l'élévation des sentiments !

MARMÉ.

Mon avis est qu'il faut tout de suite prendre des mesures énergiques pour opposer une vive résistance à nos oppresseurs. Si Dubosc prête le serment, savons-nous où il s'arrêtera ? Quand on est sur la pente du déshonneur, on la descend avec rapidité. Il avouera nos projets, nous serons poursuivis, arrêtés, et nos amis du Port au Prince nous attendront vainement.

JOURDAIN.

Vous avez raison, Marmé. Notre bateau est-il prêt ? Les hommes qui le montent sont-ils sûrs ?

GERIN.

Le bateau est à l'embarcadère que vous avez désigné. Quant aux matelots, je les ai fait tous descendre, excepté le vieux Raymond qui nous est entièrement dévoué. Nous dirigerons nous-même notre embarcation. Je suis un peu marin ; pendant un moment, vous me céderez la première place : je serai capitaine et vous serez mon lieutenant.

JOURDAIN.

Approuvé : à quelle heure, l'envoyé du comité est-il parti ?

GERIN.

Ce matin, à une heure, dès que je lui ai remis votre missive. En ce moment, nos amis savent que nous sommes sur le point de nous mettre en route, et la brise d'ouest aidant, nous jetterons l'ancre demain dans la rade du Port-au-Prince.

JOURDAIN.

Capitaine, y aura-t-il place à bord pour deux personnes qui me sont chères ?

GÉRIN.

Vous voulez parler de Gédéon et de Mademoiselle Louise de Verteuil. Il n'y aurait pas de place à bord pour un Jourdain ! il n'y aurait pas de place pour Louise de Verteuil qui nous a dévoilé les horribles machinations de nos ennemis, pour une femme qui doit porter un jour le nom de notre capitaine !

MARMÉ.

Quel vent avons-nous ce soir, Gérin ?

JOURDAIN.

Vous voici bien pressé de partir.

MARMÉ.

C'est que je voudrais que nous fussions les premiers arrivés au rendez-vous.

JOURDAIN.

Attendons d'abord des nouvelles de la réunion pour qu'à notre arrivée, nous puissions en informer le comité général.

MARMÉ.

Moi, je crois qu'il faut se presser de partir. Vous voulez donc entendre résonner à vos oreilles qu'Éliacin Dubosc, un des plus chauds partisans de la cause, a failli à son mandat. Fuyons, messieurs, fuyons la honte qui nous attend, car Dubosc déshonoré imprime à notre front une tache ineffaçable.

JOURDAIN.

Les fautes sont personnelles. Les crimes des pères n'atteignent pas les enfants, les fautes de nos amis ne nous avilissent point. La société est injuste quand elle confond dans le même anathème le coupable et ses alliés. Mon père a voulu me faire mourir : pensez-vous que l'on puisse m'en faire un reproche, moi que ce crime frappait ?

GÉRIN (allant regarder à une fenêtre).

Ce ne sont point ces considérations que j'envisage en ce moment. Je fais mon devoir de marin : c'est le temps qui me préoccupe. Marmé, dans une heure, vos désirs seront satisfaits, nous pourrons lever l'ancre. Venez et regardez. Considérez dans le lointain ces gros nuages blancs qui s'élèvent à chaque minute sur l'horizon et que le vent revêt de formes plus ou moins fantastiques. Eh bien ! Ces nuages recèlent dans leurs flancs la brise qui doit nous conduire au Port-au-Prince. Mais regardez donc : c'est le bonheur que je vous montre du doigt.

MARMÉ.

Le bonheur, après une trahison, non, c'est impossible. Voyez plutôt arriver de la plage cet homme qui marche à pas précipités. La lune éclaire son visage : c'est Raymond. Comme il semble abattu par le désespoir ! Que vient-il nous annoncer ? (*Tous vont regarder*).

GÉRIN.

En effet, c'est lui. Que peut-il avoir de si pressé à nous dire ? Quelle imprudence ! Quitter le bateau au moment où la brise d'ouest va souffler !

JOURDAIN.

Amis, si quelque nouveau malheur vient à nous frapper, si des circonstances indépendantes de la volonté nous forcent à retarder notre voyage, eh bien ! montrons-nous dignes de la situation. Que le comité apprenne que n'ayant pu partir, nous l'avons du moins noblement secondé. Réunissons nos forces, portons-nous à la municipalité de cette ville et réclamons les droits qu'on ose encore nous contester. Et si on nous oppose de la résistance, déployons aux yeux de nos frères esclaves les bannières sacrées de la liberté et que les gorges de nos montagnes retentissent des nobles cris que nous ferons entendre en faveur des opprimés. De tous côtés, ils se rallieront à notre drapeau et nous aurons la gloire d'avoir les premiers levé l'étendard de la révolte pour léguer une patrie à nos enfants. (*Entre Raymond*).

SCÈNE TROISIÈME.

JOURDAIN, GÉRIN, MARMÉ, RAYMOND.

RAYMOND.

Ah ! messieurs, messieurs, une triste nouvelle. Le bateau a été assailli : douze hommes en ont pris possession. Je me suis défendu long-temps, autant que peut le faire un vieillard sans armes contre douze hommes armés. Enfin, voyant que la résistance devenait inutile, je me suis jeté à la mer. j'ai gagné la plage et j'accours pour vous apprendre ce malheur. Ah ! monsieur Jourdain, ne doutez pas de la fidélité de votre vieux domestique, qui vous a vu naître et vous a toujours servi avec dévouement. Regardez mes mains : elles sont encore saignantes. Pardonnez-moi de vous avoir si mal défendu.

JOURDAIN.

Non, Raymond, il ne nous est pas permis de douter de votre fidélité. Entrez, allez reprendre vos forces : nous aurons besoin de vous dans un moment. (*Raymond sort. Entre Gédéon*).

SCÈNE QUATRIÈME.

JOURDAIN, MARMÉ, GÉRIN, GÉDÉON.

—

GÉDÉON.

Mon père, mon père !

JOURDAIN.

Eh bien ! mon enfant.

GÉDÉON.

Monsieur Dubosc.....

JOURDAIN.

Quoi? Reprends tes sens et parle.

GÉDÉON.

Je viens de l'église ou j'ai laissé Louise. Quelle foule et quelle agitation sur tous les traits ! On semblait écouter le sermon du prêtre avec recueillement, mais tout annonçait quelque malheureux événement. J'ai vu le Procureur du Roi se lever et s'écrier de toute la force de ses poumons : « Le serment, le serment. » Votre nom a été le premier appelé, mais un silence morne y a répondu. Ensuite vinrent les noms de Messieurs Gérin et Marmé. Le même silence continua à régner. « Éliacin Dubosc, » s'est-on écrié. Alors je l'ai vu se lever pâle, abattu et marcher à petits pas vers l'autel du serment. Louise tremblait de tous ses membres : « va, » me dit-elle, « cours et dis à ton père que tout est perdu. »

JOURDAIN.

Va rejoindre Raymond dans cet appartement et prodigue-lui tes soins (*Gédéon sort*)... Non, tout n'est pas perdu. Quand on est victorieux à chaque pas, on est trop confiant dans ses forces et alors une défaite totale peut arriver. Celle-ci, loin de nous abattre, doit nous porter à agir avec plus de prudence. J'ai même le ferme espoir qu'elle va engendrer la victoire pour nous. Que dites-vous, Gérin ?

GÉRIN.

Je dis que vous avez raison et j'attends les ordres qu'il vous plaira de me donner pour aller soulever les ateliers.

MARMÉ.

Jourdain, ayez confiance en moi. Donnez-moi un poste où je puisse me distinguer: Jean Baptiste Marmé s'en montrera digne.

GÉDÉON (à une des portes latérales).

Raymond est sorti, mon père. On l'a vu se diriger en courant vers le quai. (*il entre*).

JOURDAIN.

Préparez-vous à partir : Gérin, allez soulever les ateliers, et vous, Marmé, dans deux heures, soyez à L'Anse-à-Veau : vous remettrez à Décostière les lettres que je vais préparer. Moi, je resterai ici afin de frapper la tyrannie dans le cœur. (***Ils vont pour sortir. Entre Louise de Verteuil.***)

SCÈNE CINQUIÈME.

JOURDAIN, GÉRIN, MARMÉ, LOUISE.

JOURDAIN.

Eh bien ! Louise, vous avez été témoin de la conduite du traître ? Quelle peine mérite-t-il, Messieurs ?

LOUISE.

Ou plutôt préparez-lui une couronne pour l'énergie qu'il vient de montrer.

GÉRIN.

Que dites-vous ?

LOUISE.

J'ai vu Dubosc se lever et marcher à petits pas vers l'autel du serment. Je me jetai à genoux dans la foule, pensant que le murmure m'empêcherait d'entendre les paroles qu'il allait prononcer. « Messieurs, » s'est-il écrié d'une voix forte, » je vais prêter le serment pour Jourdain, pour Gérin, pour Marmé et pour moi. » Je compris alors ce qu'il allait dire et je levai la tête pour le regarder. Tous les nobles sentiments étaient empreints sur sa figure, et l'on pouvait lire sur son front, gravés en caractères ineffaçables : Honneur et Bravoure. Le Procureur du Roi se leva : « Jurez pour vous seul, » dit-il. Et puis un silence effrayant dans tout le temple. « Nous jurons, » s'est écrié Dubosc, « nous jurons dans cette enceinte sacrée, en présence de l'Éternel, devant son fils, martyr d'une religion dont les sublimes préceptes s'étendront un jour dans le monde entier, nous jurons de respecter tous ceux qui seront respectables ; nous jurons de les entourer de toute notre considération, mais ceux qui oublieront que nous sommes hommes comme eux, qu'ils soient à jamais maudits et que la foudre de Dieu les anéantisse. »

MARMÉ.

Bravo ! bravo ! que de noblesse dans l'âme ! que de fougue dans le caractère !

GÉRIN.

Et nous avons pu douter de l'honneur d'Eliacin Dubosc !

LOUISE.

Un murmure vague et confus ruissela dans la salle, comme, à l'approche d'une tempête, on entend sourdement les flots s'agiter. Puis des voix de toutes parts se firent entendre : « Arrêtez le traître, arrêtez l'infâme, arrêtez le profanateur. » Jourdain, pendant un un instant, je crus votre ami perdu : douze baïonnettes dirigées sur sa poitrine et attendant le moindre signal pour le percer. « Soldats, » s'écria-t-il dans ce moment suprême, je ne crains pas la mort, je l'ai affrontée souvent; de plus, mourir dans le temple de Dieu me paraît un bonheur dont tous les hommes ne sont pas dignes. Enfoncez donc vos baïonnettes, puisque c'est l'ordre de votre chef, faites couler mon sang puisque vous êtes des instruments et non des hommes et que Dieu vous pardonne, comme moi, je vous méprise. » A ces mots, les soldats, glacés d'épouvante, abaissent leurs fusils, et j'ai pu voir le héros se frayer un chemin à travers la multitude et sortir de l'église.

JOURDAIN.

A-t-il été poursuivi ?

LOUISE.

Je ne le crois pas. On reste stupéfait devant tant de courage Le Procureur du Roi était cloué à sa chaise : il ne faisait aucun mouvement.

JOURDAIN.

Messieurs, préparez-vous à partir. Ceci ne doit rien déranger à nos plans. Allez, revenez vite et surtout emmenez Dubosc avec vous.

SCÈNE SIXIÈME.

JOURDAIN, LOUISE.

LOUISE.

Enfin, nous allons laisser cette ville. Je ne serai délivrée de toute inquiétude qu'à mon arrivée au

Port-au-Prince. A quelle heure est fixé le départ ?

JOURDAIN.

Vous ne savez pas le malheur qui nous a frappés : notre bateau a été assailli, le vieux Raymond jeté à la mer et en ce moment nous n'avons de salut que dans une prise d'armes. Gérin et Marmé partent, l'un pour nos montagnes, l'autre va s'entendre à l'Anse-à-veau, avec Décostière. Dubosc et moi nous resterons en ville pour réunir à la cause tous les amis qui voudront s'enrôler.

LOUISE.

Les raisons que vous m'avez déjà alléguées ne me permettent plus de combattre ce projet. Je dirai plus : pressez vous, car il est impossible que le Procureur du Roi accepte de sang-froid la noble audace de Dubosc. Pressez-vous, car en ce moment peut-être, il prend des mesures pour vous écraser, vous et vos amis.

JOURDAIN.

Je vous confie mon fils : c'est un dépôt sacré que je viendrai vous demander un jour si le sort me favorise, si quelque balle, quelque boulet meurtrier ne m'enlève pas dans la lutte à ceux qui m'aiment encore sur cette terre. Vous partirez pour le Port-au-Prince avec Gédéon, et demandez à Dieu qu'il nous donne la victoire. L'éternel entend toujours les prières des jeunes filles, chastes et belles comme vous.

LOUISE.

Vous vivrez, pour Gédéon et pour moi. Chassez loin de vous ces noirs pressentiments qui assombrissent votre front. Et pourquoi mourir ? Jeune, valeureux, comme vous l'êtes, ne devez-vous pas voir vos efforts couronnés de succès ? Ne devez-vous pas arriver au but que vous poursuivez, l'émancipation de vos frères ?

JOURDAIN.

D'autres que moi verront Saint Domingue glorieuse un jour, la verront grande, honorée et libre. Je ne me le dissimule pas : il faut du temps, des années pour que les nègres et les mulâtres deviennent une nation, pour que cette petite île, ce petit coin de terre, cet atome perdu dans l'Océan, jette son épée dans les destinées du monde. Alors je serai mort; mais ma postérité pourra revendiquer mon nom comme un de ces hommes qui les premiers prirent les armes pour améliorer le sort de leurs frères.

LOUISE.

Que vous êtes sombre et sinistre !

JOURDAIN.

Mais Dieu permettra qu'avant de laisser cette terre, je donne mon nom à celle que j'aime, et qui servira de mère à mon petit Gédéon. Voilà qui doit vous paraître plus gai, voilà qui doit vous réconcilier avec moi.

LOUISE.

Bien. Ayons confiance dans l'avenir. Ne vous est-il pas arrivé quelquefois, de voir, se dérouler dans vos rêves, le bonheur dans un temps peu éloigné?

JOURDAIN.

Non, Louise. Et c'est pourquoi vous me reprochez cette tristesse dans le caractère. Chaque fois que je suis livré à moi-même, ce sont toujours de tristes réflexions qui m'obsèdent. Je vois toujours la mort devant moi, mais la mort des braves, celle que l'on reçoit dans un combat, au bruit enivrant du tambour et de la trompette. Je ne périrai pas autrement : c'est une conviction que j'ai. Aussi, bien que sur ma tête pèse une forte responsabilité, puisque mes frères m'ont nommé leur chef, ce qui m'ôte le droit de disposer de ma vie comme bon me semble, j'affronterai les périls d'un duel, ayant la certitude que je dois mourir dans une bataille rangée, emporté par un boulet de canon.

LOUISE.

Terminons là ce triste entretien. Le départ est renvoyé, je vous quitte et vais trouver votre tante que mon absence a dû bien inquiéter.

JOURDAIN.

Il vous faudra partir dès demain avec Gédéon, car vous serez persécutée aussitôt qu'on apprendra notre prise d'armes. Au Port-au-Prince, vous vous rendrez chez Louise Rasteau, une parente de Beauvais, mon ami intime. Recommandée par moi, vous serez reçue à bras ouverts.

LOUISE.

J'ai déjà pris la résolu ion de me rendre chez madame de Belmont, une ancienne amie de mon père.

JOURDAIN.

Mais mon fils.....

LOUISE.

Madame de Belmont est une noble personne, et Gédéon sera aussi bien chez elle que moi.

JOURDAIN.

Et le mari de cette dame......

LOUISE.

Elle est veuve et n'a pas d'enfants. (*On entend le tambour au loin.*) Qu'entends-je ! N'est-ce pas le bruit du tambour ? Ecoutez cette rumeur, ces cris.

JOURDAIN (*après avoir regardé*).

C'est quelque décret qu'on publie avec grande pompe, à la lueur de torches enflammées : dernier effort d'une tyrannie qui succombe.

BIBLIOTHÈQUE IMPÉRIALE

SCÈNE SEPTIÈME.

JOURDAIN, LOUISE,—GÉRIN, MARMÉ, tous deux armés.

—

GÉRIN.

Jourdain, il n'y a plus de temps à perdre : on publie en ce moment l'arrêté qui met nos têtes à prix.

LOUISE.

Mon Dieu ! mon Dieu ! donnez-moi la force et le courage de conserver ma raison. Laissez-moi sortir, Jourdain, j'irai me jeter aux pieds du Procureur du Roi et il rapportera le décret,

JOURDAIN (d'un ton sévère.)

Entrez et demeurez avec mon fils, jusqu'à ce que j'avise aux moyens de vous sauver. Avez-vous donc oublié ce que vous me disiez hier ? Avez-vous donc oublié les bannières que vous vous promettiez de nous remettre ? (*Louise sort. Jourdain, riant* :) Et nous fait-on l'honneur d'estimer nos têtes à leur juste valeur ?

MARMÉ.

Cinq-cents portugaises, ni plus, ni moins.

JOURDAIN.

Bravo ! voilà qui prouve que Le Roy de Kermeler sait apprécier ses ennemis. Avez-vous des nouvelles de Dubosc ?

GERIN.

Aucune. Il n'est pas rentré chez lui.

MARMÉ

Jourdain, les forcenés approchent. Que ferons-nous, si on assaillit votre maison ? Nous laisserons-nous prendre vivants ?

JOURDAIN.

Ni vivants, ni morts. N'oublions pas que nous avons de grandes destinées qui nous attendent.

SCÈNE HUITIÈME.

JOURDAIN, GÉRIN, MARMÉ, DUBOSC (armés) puis LOUISE et GÉDÉON.

JOURDAIN (se précipitant au cou de Dubosc).

Enfin, je vous revois, mon cher Dubosc. Pardon d'avoir douté de vous, d'avoir pensé un instant que vous pourriez prêter le serment de respect.

DUBOSC.

Il vous était permis de le croire, en apprenant que je m'étais rendu à l'église.

GÉRIN.

Dubosc, acceptez mon grade de lieutenant que vous méritez à plus d'un titre.

MARMÉ.

Nous viendrons immédiatement après vous : votre valeur vous donne droit au premier rang. Mais nous n'entendons plus le tambour, ni les cris de ces forcenés. Les lâches ! ils ont eu peur, ils ont reculé.

DUBOSC.

Conservons nos positions respectives, messieurs, et prouvons tous dans notre rang que nous sommes dignes du poste qui nous est confié. Eh bien ! le départ est pour quelle heure ? Après la mise à prix de nos têtes, je ne vois pas ce que nous ferons encore ici.

JOURDAIN.

Vous ignorez, c'est vrai, que nous n'avons plus notre bateau à notre disposition.

DUBOSC.

Nous l'avons encore, mes amis, et le vieux Raymond en a la garde. Sorti de l'église, je l'ai rencontré maudissant le sort qui venait de nous frapper. « Marchez, » lui ai-je dit, et dans quelques minutes nous montions à bord. Six de ces lâches dormaient d'un profond sommeil et rêvaient sans doute à la gloire dont ils venaient de se couvrir, celle d'avoir pu triompher d'un vieillard sans armes. Trois furent précipités à l'eau, et après une faible défense de la part des autres, ils furent enchaînés à fond de cale, en attendant la peine qu'il vous plaira de leur infliger.

JOURDAIN.

Vous êtes sans contredit le héros de cette journée.

MARMÉ.

La mort pour les trois autres.

GERIN.

Approuvé. (*Entrent Louise et Gédéon; Louise, une bannière à la main; Gédéon porte les pistolets de son père qu'il lui attache à la ceinture*).

LOUISE.

Votre courage m'a donné des forces. Je ne suis plus la femme qui se jetterait aux pieds du Procureur du Roi. Voici votre étendard : le rouge, c'est l'emblème de la victoire, le vert, c'est l'espérance qui doit vous soutenir dans la lutte, et cette devise : « Liberté pour tous, Dieu le veut, » garantira le succès de l'entreprise. « Dieu le veut » c'est le cri des premiers croisés qui allèrent à la délivrance de la terre sainte. (*Se mettant à genoux*). Grand Dieu, envoie ta bénédiction sur cette bannière, protége la cause qu'elle défend ; que rayonnante de beauté comme elle est ou noircie par la poudre et criblée par les balles ou la mitraille, elle conduise toujours nos soldats à la victoire. (*Se le-*

vant et s'approchant de Jourdain). Jourdain, recevez-la de mes mains.

JOURDAIN.

Remettez-la à Dubosc : c'est lui qui est chargé de la porter et de la défendre. En la suivant, nos soldats ne s'écarteront jamais du chemin de la gloire et de l'honneur. (*Louise la remet à Dubosc*).

DUBOSC.

Madame, je n'oublierai jamais, même au fort de la mêlée, que cet étendard m'a été remis par des mains sans taches, et je m'efforcerai de lui conserver la pureté de celle qui l'a brodé.

JOURDAIN.

Eh bien, Louise, le bateau nous est rendu : nous partons dans un moment.

MARMÉ.

Nos adversaires ont eu peur de nous attaquer cette nuit. Demain, ils seront bien furieux de nous savoir partis.

GÉRIN.

Nous oublions que nous délibérions sur le sort de nos trois hommes. Moi, j'ai voté pour la mort.

JOURDAIN.

Mes amis, regardez cet étendard : il nous invite à la modération. Accordons la vie à ces hommes qui sont en notre pouvoir : ce sera montrer à nos oppresseurs que nous ne sommes point des cannibales, comme ils le prétendent; ce sera leur montrer que nous ne sommes pas, comme eux, altérés de sang humain.

DUBOSC.

Jourdain a raison. Tandis que nos adversaires mettent nos têtes à prix, prouvons-leur que nous avons de l'homme ce qui fait l'homme; prouvons-leur que nous possédons cette belle vertu de l'humanité que le sentiment de la vengeance a effacée de leurs cœurs.

Cela étant approuvé, allons nous embarquer et donnons la liberté à nos prisonniers.

GÉRIN (allant à une fenêtre).

D'autant plus que je commence à croire que la brise d'ouest va souffler tout-à-l'heure.

JOURDAIN.

J'irai avec vous, et au moment de lever l'ancre, je reviendrai chercher Louise et Gédéon.

LOUISE.

Demeurez plutôt avec nous, mon ami.

JOURDAIN (prenant Louise à l'écart).

Je ne veux pas exposer les jours de mes amis. S'ils sont attaqués — et ce fait est probable — ne faut-il pas que je sois là pour les défendre? Ici, vous ne courez aucun danger : une femme et un enfant sont toujours respectés.

LOUISE.

C'est noble de votre part. Allez.

JOURDAIN.

Partons, messieurs. (*Ils sortent par les portes latérales, excepté Louise et Gédéon*).

SCÈNE NEUVIÈME.

LOUISE, GÉDÉON.

—

LOUISE.

Eh bien! Gédéon, es-tu content de partir pour le Port-au-Prince? Tu vas connaître une grande ville.

GÉDÉON.

Est-ce plus grand qu'ici?

LOUISE.

Quelle naïveté! Le Petit-Trou est un simple bourg, le Port-au-Prince est une ville vaste et belle.

GÉDÉON.

Et mon père ne me quittera pas, arrivé là-bas.

LOUISE.

Ses affaires pourront le retenir éloigné de toi pendant quelques jours. Mais je ne t'abandonnerai pas. Tu seras avec moi chez madame de Belmont, une ancienne amie de mon père.

GÉDÉON.

Pourvu que cette madame... Comment l'appelez-vous ?

LOUISE.

Madame de Belmont.

GÉDÉON.

Pourvu que cette madame de Belmont soit aussi bonne que vous, je serai bien heureux d'être chez elle.

UNE VOIX (au dehors).

Halte !

LOUISE (troublée).

Des soldats ! mon Dieu ! où fuir ?

GÉDÉON (effrayé).

Où se cacher ?

LA VOIX.

Enfoncez la porte.

LOUISE.

Tu m'es confié par ton père. Entre dans cette chambre, tiens-toi sous le lit et sous aucun prétexte, ne fais aucun mouvement. Ta vie sera sauvée à ce prix. (*Gédéon sort.*) Mon Dieu ! faites-moi mourir seule. (*En ce moment la porte cède et les archers de la maréchaussée envahissent la maison. Entre Kermeler. Louise sort du côté opposé à Gédéon*).

SCÈNE DIXIÈME.

KERMELER, ARCHERS DE LA MARÉCHAUSSÉE puis GÉDÉON.

—

KERMELER.

Jourdain ! Jourdain ! (*aux archers*) parcourez la maison, visitez-en tous les recoins (*Les archers exécutent cet ordre*). Emparez-vous de ce Jourdain, vivant ou mort. La maison paraît déserte ! ils ont fui, les lâches ! Ah ! Jourdain, c'est ainsi que vous me conviez au combat ! J'arrive et vous partez ! (*Après avoir regardé autour de lui.*) Ces affranchis se donnent des airs de grands seigneurs ! ils ont des maisons meublées ! voici une superbe glace. (*Il décharge un pistolet sur la glace*). Leur face est trop hideuse pour qu'ils aient besoin de se mirer.

UN ARCHER (entrant par la porte du fond).

Monsieur le Procureur du Roi, on vient de trouver sur le rivage le corps de deux de nos hommes qui montaient le bâtiment des rebelles. Ils se sont emparés de leur bateau, qui n'est plus au même mouillage.

KERMELER.

Les monstres ! ils échappent à ma vengeance ! (*Tous les archers en scène*).

UN ARCHER.

Personne, M. le Procureur du Roi, la maison est vide.

KERMELER.

Soldats, en laissant fuir ce Jourdain et ses complices, vous perdez deux mille portugaises.

UN ARCHER (regardant du côté où est Gédéon).

Il y a quelqu'un sous le lit ! je l'ai vu se remuer.

KERMELER.

Plus de doute ! c'est lui, c'est ce Jourdain qui se dit brave et qui s'est caché sous un lit. Feu ! (*Les soldats font feu. Moment de silence. Gédéon se précipite aux pieds de Kermeler.*)

GÉDÉON.

Grâce, monsieur, pardon !

KERMELER (riant).

Ah ! c'est le fils ! réponds, négrillon, où est ton père ?

GÉDÉON (tremblant).

Il est parti, monsieur.

KERMELER.

Bon père ! Et il t'a laissé seul ici ? où est-il allé ?

GÉDÉON.

Au Port-au-Prince, monsieur.

KERMELER (à part).

C'est dans cette ville qu'il compte ourdir ses perfides machinations. Nous verrons, nous verrons (*A Gédéon.*) Et Louise de Verteuil, sa maîtresse ?

GÉDÉON.

Partie avec lui !

KERMELER (à part).

Et je ne me vengerai pas ! (*à Gédéon*) Quelle maison Louise de Verteuil compte-t-elle habiter à son arrivée au Port-au-Prince ? Réponds et ta vie est sauvée.

GÉDÉON

Elle me l'a dit, il y a un moment. Elle ira chez une amie de son père, madame de Belmont.

KERMELER (riant).

Madame de Belmont ! J'en ferai ce que je voudrai ! je suis sauvé ! (*Aux archers.*) Soldats, emmenez cet enfant, c'est un prisonnier de guerre. Sur votre tête, vous en répondez. (*A un archer.*) Vous, restez. (*Les archers sortent, emmenant Gédéon. Celui auquel s'est adressé Kermeler reste en scène*). Il est dix heures du soir. Vous sentez-vous capable d'éventrer dix chevaux pour être demain, au Port-au-Prince. Le bonheur de la colonie dépend de la promptitude de ce voyage.

L'ARCHER.

Certes, monsieur.

KERMELER.

Des lettres vous seront remises pour que l'on vous donne des chevaux de relais sur toute la route. (*On entend quelques coups de fusils.*) Des coups de fusils ?

L'ARCHER.

Nos hommes ont été attaqués.

UN ARCHER (rentrant).

A deux pas de la maison, quatre hommes, quatre furieux, ont fait feu sur nous, et l'enfant s'est sauvé. Nous avons été surpris, monsieur le Procureur du Roi, car sans cela.....

KERMELER.

Vous êtes des lâches. Et ces quatre furieux ?

UN ARCHER

Dès qu'ils ont eu l'enfant en leur possession, ils ont pris la fuite vers le port.

KERMELER.

Un enfant ! Et il m'échappe encore ! (*A l'archer*) Etes-vous prêt ?

L'ARCHER.

Oui.

KERMELER

Eh bien ! venez avec moi. (*A part.*) Madame de Belmont me vengera !

Le rideau baisse.

ACTE TROISIÈME.

Chez madame de Belmont.

SCÈNE PREMIÈRE.

LOUISE, MADAME DE BELMONT (assises).

—

LOUISE.

Puis-je vous récapituler, madame, toutes les souffrances que j'ai endurées ? Aussi ai-je été heureuse d'apprendre que vous vouliez m'accorder votre protection : vous voyez que je n'ai pas tardé à en profiter.

MADAME DE BELMONT.

Vous avez bien fait, ma fille. L'amitié qui me liait à M. de Verteuil me fait un devoir de vous protéger. Et le Procureur du Roi a poussé l'audace jusqu'à vous frapper ?

LOUISE.

Comme je vous le dis. Voyant que mon cœur me défendait de l'aimer, il n'a pu contenir sa colère, ce qui m'a porté à aller chercher un refuge chez celui qui me voue un amour pur et franc.

MADAME DE BELMONT.

Nous le verrons dans un moment, car il va bientôt faire nuit. Depuis les quelques jours que vous êtes ici, il ne manque jamais de venir vous saluer et d'embrasser son fils.

LOUISE.

Aussi, madame, je ne puis regretter de lui avoir promis ma main. Du fond de son tombeau, mon père me dit que j'ai bien fait d'avoir ainsi agi.

MADAME DE BELMONT.

Pensez-vous que l'on mette à mort M. Jourdain et ses amis, s'ils sont arrêtés ?

LOUISE.

Je repousse cette idée. Cependant, j'ai entendu répéter si souvent que la politique est sans entrailles, que j'ai porté Jourdain à ne pas s'aventurer le jour dans les rues de la ville. Du reste, mon inquiétude diminue à chaque moment, car quarante lieues nous séparent de M. le Procureur du Roi.

MADAME DE BELMONT.

Et il ne laissera jamais les devoirs de sa charge pour se rendre au Port-au-Prince.

LOUISE.

Tant mieux. Qu'il reste au Petit Trou. Ce ne sera pas nous qui irons l'y chercher.

MADAME DE BELMONT.

Mettre à prix la tête de M. Jourdain, parce qu'il songe à l'émancipation des esclaves, quel crime odieux !

LOUISE.

Voilà, certes, une exclamation partie d'un noble cœur. Peut-on comprendre l'acharnement de M. de Kermeler ? Il arrive à la maison de Jourdain, il brise tous les meubles et pousse le crime jusqu'à ordonner à ses soldats de faire feu sous un lit où se trouvait Gédéon.

MADAME DE BELMONT.

Est-il heureux que le fils n'ait pas été atteint !

LOUISE.

Dieu protége les enfants. Gédéon s'est sauvé comme par miracle, et dans sa frayeur, a déclaré que nous étions déjà partis pour le Port-au-Prince.

MADAME DE BELMONT.

Le Procureur du Roi savait-il que vous deviez vous rendre chez moi ?

LOUISE.

L'enfant ne nous a pas éclairés sur ce point. Il avait tellement peur, à la vue de ces soldats armés, qu'il ne se rappelle pas tout ce qui s'est passé.

MADAME DE BELMONT.

Et vous ne me dites pas comment le petit a pu sortir vivant des griffes de ses bourreaux.

LOUISE.

Ils l'emmenaient prisonnier, quand Jourdain et ses amis à qui je venais de tout raconter, ont attaqué la troupe et ont enlevé l'enfant. Jourdain voulait ener chez lui et attaquer le Procureur du Roi : c'est une idée qui lui sourit encore.

MADAME DE BELMONT.

Vous ferez bien de combattre ce projet. Le sort ne favorise pas toujours : il peut être vaincu.

LOUISE.

Qui peut le porter à reculer devant les résolutions qu'il a prises ? Il a confiance dans sa destinée, et hier encore il me disait : « C'est dans un duel que je veux en finir avec mon adversaire » (*On entend un coup de sifflet*). D'où part ce bruit ?

MADAME DE BELMONT (souriant).

Ce coup de sifflet vous effraie. Quelqu'enfant du voisinage, peut-être Gédéon qui s'amuse. Adieu, mon enfant, quelques affaires m'appellent. Souvenez-vous de ce que je vous ai dit : conseillez à M. Jourdain du calme et de la modération. (*Elle sort.*)

SCÈNE DEUXIÈME.

—

LOUISE (seule).

Ce coup de sifflet m'inquiète. On dirait le signal de quelque rendez-vous secret. Il ne m'appartient pas cependant d'épier la conduite de madame de Belmont qui me reçoit avec tant de bienveillance.

SCÈNE TROISIÈME.

LOUISE, JOURDAIN (couvert d'un manteau).

—

JOURDAIN.

Le Procureur du Roi est en ville.

LOUISE.

Depuis...

JOURDAIN.

Depuis une heure on l'a vu entrer. Notre police est bien faite.

LOUISE.

Il faut s'attendre à tout.

JOURDAIN.

Aussi notre réunion a lieu dans un moment chez Louise Rasteau. Je suis entré seulement pour vous dire de vous entourer de toutes les précautions nécessaires. Continuez-vous à être satisfaite Mme de Belmont?

LOUISE.

Elle causait avec moi, il y a un instant, et vient de me prouver tout le dévouement qu'elle porte à votre cause.

JOURDAIN.

Cependant, ne lui faites aucune confidence. Pas un

mot de l'arrivée de M. le Procureur du Roi, pas un mot de notre réunion. Où est Gédéon ?

LOUISE.

Dans le voisinage.

JOURDAIN.

Tâchez de l'avoir près de vous. Dans notre situation, il faut se défier de tout. (*Lui donnant la main.*) Adieu.

LOUISE.

Adieu, que Dieu vous protége comme je vous aime.

SCÈNE QUATRIÈME.

LOUISE (seule).

Jourdain m'a dit de me défier de tout : Je regrette de ne lui avoir point parlé de ce bruit mystérieux que je viens d'entendre.

SCÈNE CINQUIÈME.

LOUISE, MADAME DE BELMONT.

MADAME DE BELMONT.

Ma bonne enfant, il vient de me tomber entre les mains une lettre assez étrange et qui vous concerne en tous points.

LOUISE.

Qui me concerne. Qu'est-ce que cela peut être ?

MADAME DE BELMONT.

Monsieur Jourdain, venait-il souvent au Port-au-Prince, avant sa malheureuse affaire ?

LOUISE.

Depuis que je le connais, il y est venu deux fois..

MADAME DE BELMONT.

Le but de ses voyages vous est-il connu? vous avez toujours pensé peut-être qu'il venait ici dans le dessein de voir ses amis, les Beauvais, les...

LOUISE.

En effet, madame, je crois que ses voyages n'avaient pas d'autre but.

MADAME DE BELMONT.

Pauvre enfant! il faut que je vous aime bien pour vous dissuader de cette pensée. Apprenez, et je vais vous le prouver tout à l'heure, que c'est l'amour et non la politique qui conduisait dans cette ville l'homme que vous aimez.

LOUISE.

Oh! non, c'est impossible. Les serments de Jourdain sont vrais, et je verrais de mes yeux, que je croirais encore à la sincérité de ses serments.

MADAME DE BELMONT.

Dieu me garde de combattre cette confiance. Je vous dis seulement de prendre vos précautions; car les hommes ont des moyens adroits et perfides pour tromper. Que d'exemples n'avons-nous pas sous les yeux? Je dois ajouter que je ne crois pas M. Jourdain capable d'user de ces moyens à votre égard. Sur ce, je vous prie de me pardonner les doutes que j'ai pu concevoir et de m'excuser si je vous laisse seule. (*Elle va pour sortir*).

LOUISE.

Cependant...

MADAME DE BELMONT (vivement.)

Vous avez dit...

LOUISE.

Qu'il ne vous est pas permis de vous retirer ainsi, sans me montrer la lettre dont s'agit, sans me donner quelques explications sur ce que vous avanciez, il y a un moment.

MADAME DE BELMONT.

Non, j'ai réfléchi. A quoi cela servirait-il ? Ou vous ne croirez pas, et alors c'est inutile, ou vous croirez et j'aurai le remords de vous avoir torturé le cœur, d'y avoir semé les germes d'un doute, difficile à supporter pour un cœur aimant comme le vôtre.

LOUISE.

Vous êtes femme, madame, et vous savez ce que c'est qu'aimer. Vous devez comprendre la portée de ces demi-confidences que vous me faites. Au nom de l'amitié que vous m'avez promise, au nom de celle qui vous unissait à mon père, je vous supplie de ne rien me cacher. Parlez, madame, au nom du ciel, parlez, j'ai besoin de vous combattre.

MADAME DE BELMONT.

Et puis-je compter que vous ne dévoilerez pas le secret que je vais vous confier ?

LOUISE.

Il m'est impossible de vous le promettre. Si quelques apparences trompeuses viennent à élever dans mon cœur ce doute amer dont vous venez de parler, ne faut-il pas que j'avoue tout à Jourdain ? Ne faut-il pas que je lui dise : « Mon ami, prouvez-moi mon erreur, prouvez-moi que vous m'aimez encore. »

MADAME DE BELMONT.

Au moins, je ne serai pas nommée.

LOUISE.

Je vous le promets.

MADAME DE BELMONT.

Vous connaissez la réputation de notre sexe pour ce qui concerne le secret. Un de nos plus spirituels poètes a fait là dessus une certaine fable qui est loin de nous couvrir d'honneur.

LOUISE.

Oui, je sais qu'un secret est quelquefois un fardeau dont on sent le besoin de partager le poids avec un ami. Certes, je n'ai pas le droit de me croire supérieure aux autres, mais quand je dis « oui, » c'est que je me crois capable de tenir à ma promesse. Qui m'empêcherait de vous dire pour vous faire parler : « Jourdain n'en saura rien. » Mais mon cœur se répugne à tromper. Tromper, c'est le lot des âmes basses et corrompues.

MADAME DE BELMONT.

J'ai confiance en vous, ma fille. Considérez donc comme simple plaisanterie ce que je viens de dire. J'ajouterai que ce Lafontaine était notre ennemi bien acharné, puisqu'il voulait faire peser sur la femme seule ce qui est commun au genre humain en général. Les hommes sont-ils plus aptes à garder un secret ? Avait-il oublié, ce Lafontaine, quand il écrivait sa fable, le barbier de Midas qui....

LOUISE.

Assez, madame,. Ne prenez pas plaisir à prolonger mon agonie. Plus vous hésitez, plus je désire savoir ce que vous avez promis de me révéler.

MADAME DE BELMONT.

Avez-vous entendu parler de mademoiselle Louise Rasteau ? Tiens ! elle porte le même nom que vous.

LOUISE.

Jourdain m'avait proposé d'aller chez elle, à mon arrivée au Port-au-Prince. Mais je ne vous avais point oubliée, et vous voyez que je vous ai donné la préférence sur elle.

MADAME DE BELMONT.

Vous avez bien fait. Peut-on consentir à habiter la maison d'une rivale ?

LOUISE.

Que dites-vous ?

MADAME DE BELMONT.

Je dis qu'il se prépare contre vous une horrible machination, l'union de M. Jourdain à mademoiselle Louise Rasteau.

LOUISE.

Non, non, c'est impossible. Jourdain ne peut me tromper à ce point.

MADAME DE BELMONT.

Aussi n'ai-je pas dit qu'il aime cette dame, mais qu'on cherche tous les moyens possibles pour le porter à l'épouser.

LOUISE.

Et les preuves de ce que vous avancez.

MADAME DE BELMONT.

M. Jourdain sort d'ici, n'est-ce pas ? où va-t-il ?

LOUISE.

Chez mademoiselle Louise Rasteau.

MADAME DE BELMONT.

En effet. Ecoutez (*tirant une lettre de son corset et lisant*).

« Mon cher Jourdain,

« Ce soir, à la rentrée de la nuit, allez chez Louise « Rasteau. Là, nous déciderons de tout, c'est-à-dire « de votre union projetée avec celle que vous aimez « le plus en ce monde. »

BEAUVAIS.

LOUISE.

De grâce, madame, dites-moi comment vous possédez ce billet ?

MADAME DE BELMONT.

M. Jourdain l'aura laissé tomber en sortant d'ici, puisque je l'ai trouvé au seuil de la porte.

LOUISE.

Oh ! donnez-le moi, donnez-le moi ! quelques indices sur la demeure de cette femme ! je pars, je vais trouver Jourdain. Ce soir même, j'aurai des explications sur sa conduite.

MADAME DE BELMONT.

Y pensez-vous, ma chère ? Sortir seule, à cette heure ?

LOUISE.

J'aime et je suis trompée.

MADAME DE BELMONT (lui remettant la lettre.)

Allez et donnez l'ordre à un de mes gens de vous accompagner. Ils connaissent tous la maison de votre rivale. (*Louise sort précipitamment.*)

SCÈNE SIXIÈME.

MADAME DE BELMONT (seule).

Complètement réussi ! quel homme que ce Kermeler pour combiner un plan ! (*Elle sonne, un domestique parait.*) qu'on attelle à ma voiture les deux chevaux les plus fringants de mon écurie. (*Le domestique sort. On entend un coup de sifflet au dehors.*) Entrez.

SCÈNE SEPTIÈME.

MADAME DE BELMONT, LE ROY DE KERMELER.

—

KERMELER.

Eh bien !

MADAME DE BELMONT.

Vous connaissez bien le cœur de la femme. Le billet a frappé juste, et Louise, quoiqu'elle ait tâché de me persuader du contraire, croit que son affranchi la trahit : elle est partie, et veut avoir des explications ce soir même avec lui.

KERMELER.

Savez-vous que j'ai passé au Petit-Trou des heures terribles. Je craignais toujours de voir arriver votre courrier, sans nouvelles favorables.

MADAME DE BELMONT.

Doutiez-vous de moi ?

KERMELER.

Oh ! non; mais il m'était permis de douter de votre diplomatie.

MADAME DE BELMONT.

Il ne m'a pas fallu de grands efforts pour réussir avec votre pupille. Elle s'était déjà décidée à se rendre chez moi, me croyant femme à servir une cause qui n'est pas la nôtre.

KERMELER.

Une cause qui doit échouer à son début. Vous voyez que je n'ai pas perdu mon temps et que je me suis empressé à me rendre en cette ville, dèsque j'ai appris que l'oiseau était en cage. Vous recevez l'amant chez vous, n'est-ce pas ? C'était mon ordre.

MADAME DE BELMONT.

L'amant et ses amis se font un vrai devoir de venir ici, tous les soirs, déguisés.

KERMELER.

Vous êtes une précieuse.....

MADAME DE BELMONT.

Le mot n'est pas flatteur.

KERMELER (riant).

J'allais dire une précieuse femme. Le premier coup de sifflet vous a-t-il surprise ?

MADAME DE BELMONT.

Point du tout. C'était le signal convenu entre nous. Je causais avec Louise, et sous prétexte de quelques affaires, je l'ai laissée pour courir au devant de votre envoyé qui m'a annoncé votre arrivée et m'a remis le billet en question. Vous voyez que moi aussi, je me suis empressée, puisque quelques minutes après, Louise était absente de la maison, préparée ainsi à vous recevoir.

KERMELER.

Je tenais à visiter moi-même les localités.

MADAME DE BELMONT.

N'avez-vous pas confiance en moi?

KERMELER.

Confiance illimitée,ma chère madame de Belmont. Mais quand on désire établir une souricière, il faut voir, étudier par ses yeux, afin de ne laisser aucune issue à ceux qui y seront attirés.

MADAME DE BELMONT.

Trop de précautions ne sauraient nuire. D'abord, voici la salle : portes, fenêtres sur la rue.

KERMELER.

Elles seront gardées par douze hommes sûrs.

MADAME DE BELMONT.

De ce côté, ma chambre à coucher. Ce couloir mène au salon qui donne dans la cour. A droite, une grande pièce, une autre salle, où l'on reçoit des amies intimes.

KERMELER.

Je n'en suis point alors, puisque vous me recevez ici.

MADAME DE BELMONT.

Par amies intimes, j'entends des femmes, celles avec qui l'on peut causer de tout.

KERMELER (riant).

De ses amours... Bien. Et la cour?

MADAME DE BELMONT.

Un mur de douze pieds l'enveloppe de tous côtés,

mur... que l'on ne peut franchir, car il est garni de tessons. La porte cochère est cadenassée.

KERMELER.

Nous sommes dans un vrai château du moyen-âge.

MADAME DE BELMONT.

Mais si Louise voit Jourdain, celui-ci lui apprendra que le billet est faux, et elle reviendra, instruite de votre ruse.

KERMELER.

J'aurai tout fini avant cela. Ce soir, madame, il se passera ici quelque chose de terrible : une femme qui a oublié ses devoirs, qui a méconnu le sang de ses pères, une femme qui veut s'allier à un affranchi, à l'ennemi le plus acharné de notre race et de la colonie, sera enlevée de cette maison et retournera chez moi pour y expier son forfait. Pouvais-je supposer qu'elle s'avilirait à ce point, qu'elle foulerait aux pieds tous les préceptes de la pudeur pour s'embarquer, sans honte, avec quatre de ses amants ! Que n'ai-je plutôt usé de mon autorité pour l'arracher à ce Jourdain, le jour où j'ai déclaré publiquement aux gens assemblés pour nous écouter, qu'elle était la maîtresse d'un affranchi !

MADAME DE BELMONT.

Et que ferez-vous du petit Gédéon ?

KERMELER.

Lui aussi, il me suivra au Petit-Trou. Il sera gardé en otage, jusqu'à ce que j'apprenne la mort de ceux qui ont osé braver mon autorité. Ce soir, quand ils arriveront ici, je serai parti. Au lieu d'y rencontrer une femme dont la réputation est à jamais perdue, au lieu de ce petit Gedéon qui a eu l'audace de s'échapper de mes mains, ils trouveront des hommes armés, des hommes que l'espoir du gain enfièvrera et qui abaisseront leurs fusils pour les frapper au cœur. Tout est prêt. Alors quand j'aurai appris que tout est fini, qu'ils sont anéantis à tout jamais, je rendrai la liberté au fils qui, sans guide, sans soutien, manquant de pain, ira terminer sa vie dans quelque coin écarté d'un bois, juste châtiment des crimes du père.

MADAME DE BELMONT.

Oh ! pitié pour un enfant !

KERMELER.

Point de pitié, madame. Prenez garde d'en avoir vous-même.

MADAME DE BELMONT.

Et Louise, que deviendra-t-elle ?

KERMELER.

Ce qu'il plaira à Dieu d'ordonner.

MADAME DE BELMONT.

Mais moi et mes gens ?

KERMELER.

Vous abandonnerez la maison ce soir, et quand vous y reviendrez, le sang de ces traîtres aura disparu de ce plancher. (*Coup de sifflet.*) Ce sont mes hommes. Je sors pour les placer à leurs postes. Votre voiture est-elle prête ?

MADAME DE BELMONT.

L'ordre est donné d'y atteler mes meilleurs chevaux.

KERMELER.

Le fils est-il sous la main ?

MADAME DE BELMONT.

Vous le trouverez, quand il sera temps (*Le Roy de Kermeler sort.*) Que de sang, mon Dieu, que de sang ! En consentant à servir les projets de cet homme, pouvais-je penser qu'il pousserait si loin son ressentiment ? Mon cœur,... la conscience..... ne pourrai-je donc rien faire pour empêcher tous ces crimes? (*Elle sort.*)

SCÈNE HUITIÈME.

GÉDÉON .(entrant par une des portes latérales).

Me suis-je amusé ce soir ! comme le Port-au-Prince est une ville gaie ! ce n'est pas comme chez nous. Et puis ici, on ne voit pas le sinistre visage de M. le Procureur du Roi.

SCÈNE NEUVIÈME.

GÉDÉON, KERMELER, ARCHERS DE LA MARÉCHAUSSÉE.

KERMELER. (Il entend les dernières paroles de Gédéon).

Sinistre visage ! Regarde, le voici près de toi. Tes parents t'apprennent à discourir sur mon compte : c'est ainsi qu'ils t'élèvent, c'est là la brillante éducation qu'ils te donnent.

GÉDÉON. (tremblant).

Pardon, monsieur de Kermeler, je ne vous savais pas près de moi.

KERMELER.

Quelle ingénuité ! mon enfant, je ne fais jamais grâce deux fois.

GÉDÉON.

Ah ! monsieur, en voulez-vous à ma vie comme à celle de mon père ?

KERMELER.

Soldats, emparez-vous de cet enfant, et mettez-le

en lieu sûr, jusqu'à ce que le moment soit arrivé de partir avec lui.

GÉDÉON.

Madame de Belmont ! Louise ! mon père !

KERMELER.

Ce sont tes protecteurs que tu appelles à ton secours. (*A l'exempt*) Bâillonnez cet enfant et traînez-le dans cette chambre ; sur votre vie, vous en répondez. (*Les soldats exécutent cet ordre.*)

SCÈNE DIXIÈME.

KERMELER, puis LOUISE.

—

KERMELER.

Un de pris. Je commence par le plus jeune : cela ira par gradation.

LOUISE (sans voir Kermeler).

Madame de Belmont ! Madame de Belmont ! (*Apercevant Kermeler.*) Monsieur Le Roy de Kermeler !

KERMELER.

Cela vous étonne, madame, de me voir chez une de mes amies intimes. Vous restez stupéfaite de vous trouver vis-à-vis de moi, quand il y a quelques jours, nous nous rencontrions à chaque minute.

LOUISE.

Madame de Belmont ne peut être de vos amies. Elle a le cœur trop compâtissant aux malheurs d'autrui, et le vôtre...... Deux personnes ainsi opposées ne peuvent s'aimer et s'estimer.

KERMELER.

Et le mien.... en avant, les grands mots ; appelez-les à votre secours et écrasez-moi de vos épithètes avilissantes. Vous oubliez qu'ici vous êtes ma prisonnière.

LOUISE.

Je suis chez madame de Belmont et quand je le voudrai, je sortirai de cette maison.

KERMELER.

Essayez et vous m'en direz des nouvelles! Eh bien! avez vous pénétré chez Louise Rasteau? Avez-vous vu votre Jourdain? Lui avez-vous montré le billet de Beauvais? Enfant, qui s'est laissé prendre au piége et qui n'a pas compris qu'on voulait l'écarter pour un moment!

LOUISE (à part).

Mon Dieu! Mon Dieu! Quelle perfidie! (*Elle fait un pas pour sortir.*)

KERMELER.

Arrêtez, madame, si vous tenez à la vie.... Vous doutez. (*Il donne un coup de sifflet : on répond au dehors.*) Douze archers de la maréchaussée sont à la porte, avec ordre de faire feu sur les gens qui sortent de la maison.

LOUISE.

Monsieur de Blanchelande a pu prêter la main à cet acte d'un odieux despotisme!

KERMELER.

Monsieur de Blanchelande estime plus la colonie que la vie de quelques personnes qui veulent la bouleverser et l'anéantir.

LOUISE.

Votre soif de sang n'est donc pas encore assouvie? Vaincu déjà dans la lutte, vous osez venir jusqu'ici poursuivre vos vainqueurs. Prenez garde, monsieur, le sang demande du sang.

KERMELER.

Mes vainqueurs! vous appelez mes vainqueurs ceux

qui ont fui devant moi, ceux qui se sont embarqués clandestinement au Petit-Trou. Mes vainqueurs! vous devez vous compter aussi, n'est-ce pas, au nombre de mes vainqueurs? Eh bien! madame, dans une heure, vous ferez de nouveau avec moi la route que vous avez faite avec votre amant.

LOUISE.

Jamais! jamais! n'attendez pas que je consente à m'avilir à ce point.

KERMELER.

Je me passerai de votre consentement. De la résistance! Qui peut résister devant mes baïonnettes? Des larmes, des cris, des supplications! Vous savez que je ne suis pas homme à fléchir devant ces câlineries de la femme.

LOUISE.

Que vous ai-je fait pour me persécuter ainsi?

KERMELER.

Ce que vous m'avez fait, madame? Récapitulons: vous avez voulu faire échouer mes projets les mieux combinés, en prévenant les affranchis qu'on allait exiger d'eux le serment de respect envers les blancs; vous avez laissé ma maison pour aller demander protection à un Jourdain, vous avez applaudi à la conduite d'Eliacin Dubosc et à celle de ses complices, vous avez fui avec eux et vous vous êtes rendue au Port-au-Prince, pensant que mes bras n'étaient pas assez longs pour vous atteindre.

LOUISE.

Vos serres, vous voulez dire. Mais vous oubliez peut-être mon plus grand crime.

KERMELER.

Soit. Je vous comprends. Mais le crime d'avoir dédaigné mon amour est peu de chose à mes yeux si je le compare aux troubles et aux désordres dont vous êtes un des agens les plus actifs.

LOUISE.

Par pitié, punissez-en moi seule; seule, je suis coupable. L'amour ne se commande pas, monsieur.

KERMELER.

Que me parlez-vous d'amour? Je n'ai plus de cœur: vous l'avez arraché, madame, le jour.... mais pourquoi rappeler encore votre avilissement à votre souvenir? Venez à cette table, madame, et écrivez ce que je vais vous dicter.

LOUISE.

Votre tyrannie n'a plus de bornes. Pensez vous que je condescende à me faire l'instrument de votre perfidie?

KERMELER.

Des hésitations! (*Lui désignant l'endroit où est Gédéon.*) Que voyez-vous dans cette chambre?

LOUISE.

Grand Dieu! Gédéon bâillonné!

KERMELER.

Oui, Gédéon bâillonné et gardé à vue par six archers de la maréchaussée, armés de fusils. Persistez dans votre refus et vous verrez.

LOUISE.

Un enfant, monsieur, un enfant!

KERMELER.

Il n'y a point d'enfant, madame: il y a un sang impur à verser, et je n'hésiterai pas comme vous. Soldats, apprêtez vos armes.

LOUISE (allant se mettre à la table).

Ordonnez, je suis prête à obéir.

KERMELER (riant).

C'est étonnant, comme vous vous rendez vite à la raison. Écrivez. (*Elle écrit.*)

« Jourdain, un grand danger vous menace. Venez « vite, je vous attends ici avec vos amis. » Signez. Remettez-moi ce papier. (*Elle passe le papier à Kermeler qui la pousse dans la chambre où est Gédéon.*) Soldats de la maréchaussée, vous avez maintenant la garde de deux prisonniers : augmentez votre vigilance et au moindre cri, faites usage du bâillon.

SCÈNE ONZIÈME.

KERMELER, MADAME DE BELMONT.

KERMELER (désignant l'endroit où sont Louise et Gédéon).

Ils sont là deux, Gédéon et Louise. Donnez des ordres pour que la voiture sorte de la maison. Dans un moment, il sera temps de partir. Mais l'essentiel, c'est que ce billet parvienne sans retard à sa destination. Un de vos gens, le plus fidèle, attendra Jourdain dans les environs de la maison Louise Rasteau et le lui remettra, dès qu'il en sortira.

MADAME DE BELMONT.

Donnez. (*Kermeler lui passe le billet.*) (*A part*). J'ai mon plan et je les sauverai!

SCÈNE DOUZIÈME.

KERMELER, (seul) puis les archers.

Enfin, je les tiens tous! Et dans une heure, la colonie sera purgée de ces monstres, de ces chefs d'affranchis qui prétendent avoir les mêmes droits que nous, qui rêvent à l'émancipation des esclaves! Et que feront-ils de cette liberté, quand ils l'auront? Ils pilleront, ils saccageront, ils brûleront ! Dire qu'il y a des hommes en France qui ont la folie de se faire appeler les amis des noirs ! Plus fous encore ceux qui ont la patience d'écouter les discours de ces soi-disant abolitionistes ! Ah ! je voudrais être, parmi eux, pour leur prouver par un mot le ridicule de leurs opinions ! Je leur dirais : « L'affranchi Jourdain ose lever les yeux sur Louise de Verteuil que le Roy de Kermeler a aimée et dont il comptait faire sa femme. » (*On entend le roulement d'une voiture qui s'arrête à quelques pas de la maison*). Bien. (*Kermeler donne un coup de sifflet qui est répété au dehors. Entrent quelques archers de la Maréchaussée. A l'exempt.*) Je n'ai pas besoin de vous répéter mes ordres. Une fois entrés, les traîtres ne doivent plus sortir. A madame de Belmont seule, il est permis de quitter la maison. Voici le papier qui vous absout. Lisez.

L'EXEMPT (lisant).

« Certifions que c'est par notre ordre que s'est « accompli tout ce qui a eu lieu ce soir chez madame « de Belmont. Déclarons, en outre, que nous tenons « deux mille portugaises à la disposition de tout « homme blanc, jaune ou noir qui nous apportera les « têtes des affranchis Jourdain, Gérin, Marmé et « Dubosc. »

BLANCHELANDE.

KERMELER.

Est-ce clair ?

L'EXEMPT.

Oui.

KERMELER.

Je vous souhaite de la réussite. Moi, quand j'entendrai les coups de fusil, ce qui sera pour moi le plus sûr garant de la mort des traîtres, je veux que les roues de ma voiture écrasent le pavé de la rue et que les fers de mes chevaux, par les éclairs qu'ils lanceront, illuminent d'un vif éclat toute la ville du Port-au-Prince. (*Il sort par la chambre où sont Louise et Gédéon.*)

SCÈNE TREIZIÈME.

ARCHERS DE LA MARÉCHAUSSÉE.

L'EXEMPT (*aux archers*).

Deux hommes par ce couloir. Autant de ce côté. Le reste dans cette chambre. Monsieur le brigadier et moi, nous resterons dans cette salle pour voir arriver nos hommes. C'est d'ici que nous donnerons le signal. Feu en même temps. Rechargez. Second feu.

LE BRIGADIER.

Monsieur l'exempt, c'est bien deux mille portugaises que porte ce papier,

L'EXEMPT.

Tout autant. Mille pour moi, comme chef de l'expédition; cinq cents à vous, monsieur le brigadier, et le reste à partager entre les dix archers.

LE BRIGADIER.

Il me semble que vous pouvez m'adjuger un lot semblable au vôtre. Tous deux, nous courons les mêmes risques.

L'EXEMPT.

Mon cher, il n'y a là aucun risque à courir. Est-ce chose bien difficile que de se poser en embuscade et de fusiller quatre hommes qui passent ?

LE BRIGADIER.

Et s'ils allaient se défendre.

L'EXEMPT.

Y pensez-vous ? leur laisserons-nous le temps ? D'ailleurs, nous sommes douze contre quatre, et il n'y a pas de défense possible.

LE BRIGADIER.

Mais on prétend que chacun d'eux est brave comme quatre, de sorte qu'ils sont seize, et ils nous sont alors supérieurs en nombre : qui de seize, paie douze, reste quatre.

L'EXEMPT.

Voilà qui fait honneur à vos connaissances arithmétiques; au premier avancement, je ferai penser à vous.

LE BRIGADIER.

C'est la première chose que vous oublierez. Mais je vous le demande, pourquoi une si forte somme, s'il n'y a pas de danger, comme vous dites ?

L'EXEMPT.

Parbleu ! c'est pour étouffer dans votre cœur le cri de la conscience. Est-ce qu'on assassine ainsi de sang-froid ?

LE BRIGADIER.

S'il vous faut mille portugaises pour étouffer le cri de votre conscience, il me faut aussi le même prix.

UN ARCHER.

Voilà, certes, deux consciences qui se ressemblent.

L'EXEMPT (à l'archer).

Silence. (*Au brigadier.*) C'est votre dernier mot. Songez que vous nous faites perdre du temps.

LE BRIGADIER.

C'est mon dernier mot.

L'EXEMPT (bas au brigadier.)

Quel mauvais exemple vous tracez là à ces archers. (*Haut*). Voyons, j'ajouterai cent portugaises sur votre part, de sorte que ces dix hommes n'auront plus que quatre cents. (*On entend quelques murmures : les archers causent à voix basse.*)

LE BRIGADIER.

Et vous en aurez toujours mille, tandis que moi..

L'EXEMPT.

Il me semble que cela doit suffire à un brigadier. Il n'y a donc plus de hiérarchie dans le monde ? Est-ce que les ministres gagnent autant que les rois ?

LE BRIGADIER.

Vos raisons peuvent être excellentes ; mais je vais vous souhaiter le bonsoir et vous prierai de continuer à vous seul l'expédition : vous y gagnerez plus.

L'EXEMPT.

Et l'obéissance ?

LE BRIGADIER.

L'obéissance existe où il y a des devoirs à remplir.

L'EXEMPT (à part).

Ne le laissons pas partir : cela pourrait déranger nos affaires. D'ailleurs, on peut toujours promettre. (*Haut.*) C'est entendu, monsieur le brigadier, quatre cents aux archers et le reste à partager entre nous. A ce compte, je perds deux cents portugaises.

LE BRIGADIER.

Ou plutôt vous en gagnez huit cents.

L'EXEMPT.

Archers, qu'on exécute mes ordres. Placez-vous aux endroits que je viens de désigner. (*Les archers restent immobiles*). M'avez-vous entendu ?

UN ARCHER (jetant son fusil).

Je ne fais plus partie de l'expédition.

L'EXEMPT.

De la rébellion !

LE BRIGADIER.

Oser nous manquer d'égards !

L'ARCHER.

C'est votre exemple que j'ai suivi, monsieur le

brigadier. Vous m'avez instruit, et je réclame pour moi et chacun de mes camarades, le douzième de la somme en question. Point de part de lion ici.

L'EXEMPT.

Je ne consentirai jamais. Sortez d'ici, nous serons toujours assez nombreux pour réussir dans l'entreprise.

L'ARCHER.

Je ne m'en irai pas seul. Mes camarades me suivront. N'est-ce pas, mes amis ?

TOUS LES ARCHERS (jetant leurs fusils).

Approuvé. Bravo, bravo !

LE BRIGADIER (s'élançant au cou de l'archer).

Traître ! (*En ce moment, Jourdain et ses amis pénètrent par les portes latérales et font feu de leurs pistolets. Les archers de la maréchaussée, surpris et effrayés, s'enfuient à toutes jambes; on entend le roulement de la voiture de Kermeler.*)

SCÈNE QUATORZIÈME.

JOURDAIN, MARMÉ, DUBOSC, GÉRIN.

DUBOSC (riant).

Et voilà des hommes placés pour assassiner ! Quatre coups de pistolets à poudre et ils se sauvent à toutes jambes, laissant leurs armes en notre possession.

MARMÉ.

Est-ce malheureux que nous ne soyons point arrivés à temps pour rencontrer ici ce Le Roy de Kermeler ?

GÉRIN.

Nous le rencontrerons bientôt. N'oublions pas notre décision de ce soir. Aujourd'hui est le 21 août et dans cinq jours, nous devons nous trouver au Petit-Trou, à la tête de nos frères émancipés.

JOURDAIN.

Laissons le Port-au-Prince ce soir même, d'autant plus que moi, j'ai deux missions à remplir, deux nobles missions : la liberté de nos frères à proclamer et une vengeance éclatante à exercer.

MARMÉ.

Que pensez-vous de Mme de Belmont?

DUBOSC.

Elle a donné la main dans le crime. Mais dès qu'elle y est entrée, elle a eu peur de son œuvre et a reculé.

JOURDAIN.

C'est une femme à pardonner. Certes, elle a eu des torts, des torts immenses d'avoir soutenu un moment les odieuses machinations de notre ennemi; mais elle nous a sauvé la vie, c'est-à-dire, elle nous a donné le temps et les moyens de nous venger. Songez donc où nous serions en ce moment, si au lieu d'arriver par la cour, nous avions pénétré par les portes de la rue.

GÉRIN.

Partons. Amis, nos frères sont esclaves. Jourdain, Louise de Verteuil et votre fils sont en la possession d'un ennemi formidable.

JOURDAIN.

Oui, allons venger nos frères. Et que Dieu me permette de venger aussi ma fiancée et mon fils.

(*Le rideau baisse*).

ACTE QUATRIÈME.

Chez Le Roy de Kermeler.

SCÈNE PREMIÈRE.

KERMELER (seul, écrivant).

« Seulement je m'étonne que depuis cinq jours, vous n'ayez donné aucun signe de vie. Me voilà délivré à tout jamais des rumeurs des affranchis du Petit-Trou. Manquant de chefs, ils n'oseront jamais se prononcer. N'est-il pas temps que vous preniez la détermination d'en agir comme moi? Poussez-les à quelqu'éclat et mettez les têtes à prix. L'argent, l'argent, c'est le nerf le plus puissant de la politique. — A propos, que disent les Beauvais de la mort de Jourdain et de ses amis? Surveillez-les, ils se remuent peut-être en secret : frappez, immolez sans pitié. »

« Vous apprendrez sans doute avec plaisir, que ce soir, j'épouse Louise de Verteuil. Elle refuse, c'est vrai, mais je saurai me passer de son consentement. Après mon mariage, j'abandonnerai, comme je vous l'ai déjà dit, le petit Gédéon à sa mauvaise destinée. Peut-être même serait-il prudent de s'en défaire, afin de ne laisser sur la terre aucune trace de cette damnée famille des Jourdain. Je réfléchirai à cela. »

« On ignore encore au Petit-Trou la mort de ces traîtres; mais demain, je ferai publier cette nouvelle avec grande pompe. Adieu, mon cher gouverneur, suivez mon exemple, et vous verrez que la colonie y gagnera. »

LE ROY DE KERMELER.

(*Il cachète la lettre*). A monsieur de Blanchelande, gouverneur de Saint-Domingue. Port-au-Prince. (*Il sonne : un domestique paraît*). Portez cette lettre au Major de la place et dites-lui de la faire parvenir sans retard à sa destination. Rappelez à son souvenir que je l'attends ici dans un moment. (*Le domestique va pour sortir*). Passez aussi chez le Maire de la ville et chez mon notaire : même commission. Allez. (*Le domestique sort*). Malédiction ! Je n'ai pas pensé à faire aussi deux mots à cette bonne madame de Belmont. C'est égal, une autre fois, j'y songerai.

SCÈNE DEUXIÈME.

KERMELER, LOUISE.

KERMELER.

Ah ! vous voici, Louise. C'est la première fois que vous me faites l'honneur de venir dans mes appartements, depuis votre retour en cette ville : cela me présage une heureuse fortune.

LOUISE.

Monsieur, suis-je condamnée à demeurer longtemps dans cette prison? voilà ce que je viens vous demander.

KERMELER.

Vous appelez prison une maison où vous êtes choyée, fêtée, où tout le monde vous aime, où l'on va au devant de vos moindres désirs! Vous êtes exigeante.

LOUISE.

Pour quelqu'un qui n'aspire qu'au bien-être matériel, cette maison est en effet un lieu de jouissances et de délices. Mais pour moi, enlevée de chez madame de Belmont par la perfidie la plus noire, moi qui mets au-dessus des plaisirs vulgaires, la sérénité de l'âme et la liberté du cœur, ce palais est pour moi une prison. La chambre que j'habite, vrai boudoir de femme coquette, où l'œil ne peut se reposer que sur des lambris dorés, où, malgré la rigueur du climat, on jouit à toute heure du jour d'une douce et agréable fraîcheur, me fait l'effet de ces plombs de Venise, si justement flétris par l'histoire. Et vous êtes le geôlier dont la sinistre figure m'épouvante : j'ai hâte de fuir. Resterai-je longtemps prisonnière? je vous le répète.

KERMELER.

Si vous pouviez lire dans mon cœur en ce moment, vous n'y verriez que larmes et douleurs. Pour vous posséder, je me suis fait criminel : je n'ai pas même respecté votre honneur et votre réputation. J'ai mis tout en jeu pour les ternir; j'ai déclaré à qui voulait l'entendre, que vous étiez la maîtresse d'un affranchi. Pensez-vous qu'il faille aimer peu pour en agir ainsi? Je sais que vous êtes aujourd'hui aussi pure que le jour où vous avez franchi le seuil de cette porte : c'est pourquoi je vous déclare que demain vous serez libre, car ce soir même, je dois vous épouser.

LOUISE.

Vous m'aimez et vous avez flétri ma réputation. Ce soir, vous m'épousez et demain je serai libre. Voilà certes des mots qui s'allient difficilement. Oui, demain je serai libre, libre de me promener peut-être dans la ville avec un homme que je méprise; c'est ainsi que vous entendez la liberté. Mais c'est un esclavage honteux que vous me proposez! Oubliez-vous que je ne m'appartiens pas, que j'ai fait serment d'avoir pour époux l'homme que vous ne cessez de poursuivre?

KERMELER.

Il ne vous est plus possible de tenir à ce serment.

LOUISE.

Dieu seul peut m'en empêcher.

KERMELER.

Eh bien! Dieu y a mis un obstacle invincible : La mort.

LOUISE.

Que dites-vous?

KERMELER.

Je dis que Jourdain n'existe plus et que ses amis ont payé aussi leur tribut à la nature.

LOUISE.

Vous prenez plaisir à me torturer le cœur. Cet odieux mensonge ne peut me faire adhérer à vos projets.

KERMELER.

Vous me connaissez, madame. Pensez-vous que je sois homme à faire le voyage du Port-au-Prince, dans le seul espoir de vous enlever avec le petit Gédéon, quand je savais que cette ville recélait dans son sein quatre hommes qui me gênaient?

LOUISE.

Quatre hommes qui vous gênent encore, et vous voulez répandre la nouvelle de leur mort pour effrayer leurs partisans.

KERMELER.

Ces hommes n'existent plus, et je vais vous en donner des preuves. Il y a cinq jours, vous étiez avec moi et le fils de ce Jourdain, dans une voiture de madame de Belmont, à peu de distance de sa maison. Vous avez entendu quelques coups de fusils. Avez-vous remarqué alors avec quelle joie j'ai crié au cocher de fouetter ses chevaux?

LOUISE.

En effet, une joie féroce brillait sur vos traits.

KERMELER.

Voilà qui fait honneur à votre perspicacité. Repassez maintenant dans votre souvenir ce billet que je vous ai fait écrire, les archers de la maréchaussée que j'avais à ma disposition et doutez encore, si vous le pouvez.

LOUISE.

Oh ! non, ce n'est pas possible.

KERMELER.

Jourdain et ses amis appelés par vous sont venus, et mes hommes, cachés à dessein dans toutes les chambres de la maison, les ont fusillés. Ils sont morts en vous maudissant peut-être, en pensant que vous les aviez trahis.

LOUISE.

Avez-vous pu commettre un pareil crime ? Avez-vous oublié l'orphelin que vous faites et qui vous demandera compte un jour du sang de son père que vous avez versé ?

KERMELER.

Je n'ai pensé ni à vous la veuve, ni à Gédéon l'orphelin. De telles considérations ne peuvent entrer en balance avec le bonheur de la colonie. En faisant cet acte de souveraine justice, j'ai voulu sauver surtout ma race de l'infamie.

LOUISE.

Et moi que vous avez voulu sauver, je vous maudis. J'en appellerai aux lois et les lois me vengeront.

KERMELER.

En appeler aux lois ! Les voix des prisonniers s'arrêtent aux portes de leurs cachots. Disposez-vous plutôt à m'épouser dès ce soir, dans un moment : les témoins et le notaire vont arriver.

LOUISE.

Non, monsieur. Plutôt la mort que l'infamie. Ma

main ne tremblera pas au moment suprême : je saurai mourir digne de moi et digne de Jourdain.

KERMELER.

Vous avez déjà vu le petit Gédéon bâillonné. Je vous ai fait entrevoir ce que j'allais faire de lui, quand vous hésitiez à écrire sous ma dictée.... Hésitez ce soir, et devant vous, aussi vrai que je suis le Procureur du Roi, je l'enverrai trouver son père.

LOUISE.

Une femme refuse votre main. Si vous aviez de la délicatesse, vous sauriez faire votre devoir.

KERMELER.

Souvent, j'ai réfléchi à ce que vous me dites. Souvent il m'est arrivé de vouloir repousser de mon cœur les sentiments d'amour qu'il conserve pour vous. Mais, impossible. Les efforts mêmes que je faisais pour arriver à vous haïr étaient des armes que j'aiguisais contre moi. Je vous aime, quoique vous me détestiez. C'est dans notre destinée commune de rencontrer de semblables oppositions. Eh bien ! je suis décidé, malgré tous les obstacles, à vous épouser quand même. Qui aime bien réussit à se faire pardonner.

LOUISE.

Vous pardonner ! jamais

KERMELER.

Songez à Gédéon.

LOUISE.

Le père est mort ! que fera le fils sur cette terre ? (*Elle sort.*)

SCÈNE TROISIÈME.

KERMELER, CHEVALIER, GALÈZ,

—

KERMELER.

Ah ! vous n'avez pas tardé à vous rendre à mon invitation.

GALÈZ.

Il s'agit bien de cela. Savez-vous ce que nous venons d'apprendre à l'instant ?

KERMELER.

Que Louise de Verteuil se refuse. Erreur, messieurs, je viens de trouver un moyen : elle consentira à tout.

CHEVALIER.

Oubliez, s'il vous plaît, ces projets de mariage. Quelque chose de plus sérieux nous préoccupe.

KERMELER.

Et ce quelque chose...

GALÈZ.

Jourdain est arrivé le 23 à la Ravine et, en ce moment, lui et ses amis sont à Sangris, à la tête de deux cents hommes.

CHEVALIER.

Ils marchent sur la ville et vont peut-être l'envahir ce soir.

KERMELER.

D'honneur, messieurs, si je ne vous connaissais pas réfléchis et courageux, je croirais qu'un faux bruit a pu exciter chez vous une terreur panique et détraquer vos cervelles. Comment! c'est à moi que vous viendrez dire que Jourdain est en armes, à moi qui...

GALÈZ.

A vous qui... Terminez.

KERMELER.

A moi qui sais Jourdain et ses trois amis morts au Port-au-Prince, il y a cinq jours, fusillés par quelques archers de la maréchaussée.

CHEVALIER.

Voilà qui est plaisant. C'est ainsi que vous recevez une nouvelle qui met la colonie à deux doigts de sa perte.

GALÈZ.

C'est le cas de demander lequel est le plus fou de nous trois La prise d'armes est certaine, et nous pouvons vous montrer des pièces qui certifient ce que nous avançons.

KERMELER (à part).

Me serais-je trompé à ce point? (*Haut*). Messieurs, donnez-moi communication de vos pièces, je me rendrai à la raison.

GALÈZ (lui présentant une lettre).

Lisez.

KERMELER.

C'est de l'affranchi Jourdain. Le damné! il a pu échapper encore! (*lisant*). « Nous sommes en armes, nous demandons à jouir des droits que la France a proclamés en notre faveur. — Pour nos frères esclaves, nous exigeons l'abolition de la peine du fouet et la franchise de trois jours par semaine. Si ces justes privilèges ne sont pas accordés, nous les obtiendrons par la force et nous ne nous arrêterons pas là. Nos bannières portent pour devise : Liberté pour tous! Dieu le veut!... » Les scélérats!

CHEVALIER.

Doutez-vous encore?

KERMELER (continuant à lire).

« Nous ne voulons pas l'effusion du sang. Le calme et la modération nous serviront de ligne de conduite.

Vous serez respecté, monsieur le Major, votre famille, vos propriétés. Il en sera de même du Maire Chevalier. Quant au Procureur du Roi, il n'aura rien à craindre, s'il consent à me faire remettre les deux personnes qu'il a enlevées par la ruse la plus raffinée de chez madame de Belmont. »

« JOURDAIN. »

Quelle audace! quelle insolence! Et quelles mesures avez-vous prises pour repousser cette horde de bandits?

GALÉZ.

Nous venons vous consulter à cet effet. Nous croyons qu'il serait utile de leur envoyer des députés, qui avec le langage persuasif de la modération, pourront les décider à déposer les armes.

CHEVALIER.

Surtout quand ils auront appris que nous sommes disposés à souscrire aux justes conditions qu'ils nous dictent.

KERMELER.

Des députés à des rebelles! à des hommes qui sont en armes et qui ne craignent pas de vous le déclarer! Plier devant les conditions de quelques bandits révoltés! Mais c'est le comble de la folie! Je vous déclare que je n'y suis pas décidé, encore moins à rendre Louise de Verteuil à ce forcené de Jourdain.

GALÉZ.

C'est donc la guerre que vous voulez.

KERMELER.

Oui, la guerre, c'est-à-dire la victoire pour nous.

CHEVALIER.

Réfléchissez : nous avons peu d'hommes à notre disposition et nous serions sûrement vaincus.

KERMELER.

Vaincus! un homme, véritablement enflammé de

l'amour de la patrie, ne connaît point ce mot! vaincus! Les blancs vaincus par des nègres! mais c'est une amère dérision, monsieur le Maire.

CHEVALIER.

Dans la situation présente, le langage de la passion est de peu de valeur.

GALÈZ.

C'est par les faits qu'il faut combattre. Quelles forces avons-nous à opposer aux affranchis? ce sont leurs droits qu'ils défendent, songez-y.

KERMELER.

Que ceux qui veulent pactiser avec les rebelles le fassent. Moi, je mourrai, s'il le faut; mais ce sera, en me défendant, les armes à la main.

GALÈZ.

Comme vous, M. le Procureur, nous avons assez de courage pour tenir une épée; mais notre humanité, la justice nous ordonnent de faire les concessions demandées par les affranchis. Et certes, s'il fallait sortir de la voie de l'honneur, nous ne ferions pas un pas, et nous saurions mourir ou vaincre, les armes à la main.

CHEVALIER.

Pour moi, j'estime beaucoup plus l'homme qui a assez de courage pour reconnaître ses torts que celui qui persiste quand même, dans ses erreurs.

KERMELER.

Je vois, messieurs, que nous ne nous entendrons jamais. Je vois plus : il y a des hommes ici qui oublient leurs devoirs et le mandat dont ils sont revêtus. Moi, le Roy de Kermeler, je me souviendrai toujours que je défends à Saint-Domingue le gouvernement de la France et je ne serai jamais traître à mon pays.

GALÈZ.

Oubliez-vous que vous parlez au Major de la place ?

CHEVALIER.

C'est le Maire de la ville qui est chez vous en ce moment.

KERMELER.

Oui, je ferai à moi seul ce que ni le Major de la place, ni le Maire de la ville ne peuvent faire réunis. J'enverrai dissiper le rassemblement de ces monstres, et je veux que mes soldats m'apportent sur leurs piques les têtes de Jourdain et de ses complices.

GALÈZ.

Adieu, monsieur, souvenez-vous que nous avons voulu nous sauver.

CHEVALIER.

Et que vous vous y êtes refusé. (*Galèz et Chevalier sortent.*)

SCÈNE QUATRIÈME.

KERMELER puis UN DOMESTIQUE.

—

KERMELER.

Au moment où je les croyais anéantis à tout jamais, ces hommes osent lever l'étendard de la révolte ! Ils ne craignent pas de venir se heurter à moi, Le Roy de Kermeler ! (*Après une pause*). Cependant j'ai entendu les détonnations des fusils, avant mon départ du Port-au-Prince. N'aurai-je pas explication de tout ceci ?... Qu'ils sont pusillanimes, ce Maire et ce Major ! Allez, hommes sans cœur et sans courage, hommes libres qui voulez faire cause commune avec des esclaves, allez souiller le nom que vous portez ;

blancs dégénérés, allez avilir la race blanche et que la malédiction de Dieu, en vous poursuivant, vous fasse devenir esclaves, après avoir été maîtres !

LE DOMESTIQUE.

Monsieur, le notaire est là qui attend dans le salon.

KERMELER.

Qu'il repasse demain. (*Le domestique va pour sortir.*) Demeurez. (*Il écrit et remet un papier au domestique.*) Vite, chez mon apothicaire. Vous me remettrez cela sur la place d'armes. (*Le domestique sort*). Il faut s'attendre à tout. (*On entend quelques coups de fusils dans l'éloignement.*) Allons ! ils ont trouvé de la résistance devant les portes ! Il y a encore des hommes de cœur, quoi qu'en disent les Chevalier et les Galèz. Courons voir ce que c'est. (*A la cantonnade.*) Toujours même vigilance sur vos prisonniers.

LOUISE, GÉDÉON.

—

LOUISE.

O mon Dieu, je tremble : toujours des coups de fusils.

GÉDÉON.

Je commence à m'habituer à ces détonnations d'armes.

LOUISE.

Elles nous ont été funestes. La première fois que nous les avons entendues, nous avons pu échapper à nos persécuteurs, mais la deuxième fois, nous sommes restés leurs prisonniers.

GÉDÉON.

Eh bien ! la troisième fois, elles sont destinées à

nous rendre libres et à nous réunir à ceux que nous aimons.

LOUISE.

Tu as raison, mon enfant, [nous devons attendre maintenant le jour de la délivrance, c'est-à-dire, le jour de notre réunion avec ceux qui ne sont plus sur cette terre.

GÉDÉON.

Que dites-vous, Louise ?

LOUISE.

Armons-nous de courage et de résignation. Montre-toi digne de ton père : sois ferme et grand dans le malheur. Jourdain n'est plus ! orphelin à cet âge ! (*Elle pleure*).

GEDÉON (pleurant).

Parlez, de qui tenez-vous cette nouvelle ?

LOUISE.

De celui qui l'a fait mourir et qui s'en est vanté devant moi... de M. le Procureur du Roi.

GÉDÉON.

N'aurait-il pas agi ainsi pour nous ôter tout espoir de liberté dans la fuite ?

LOUISE.

Fuir ! où aller pour être à l'abri des poursuites de cet homme ?

GÉDÉON.

O mon père ! mon père !

LOUISE (abattue).

Oui, pleure mon enfant, pleure, car tu as perdu ton soutien et ton protecteur. Que puis-je pour toi, moi pauvre femme exposée à la haine et à la persécution de nos ennemis communs ?

GEDÉON.

Mais faut-il perdre tout espoir ? N'avons-nous pas encore les amis de mon père et ne feront-ils pas tous leurs efforts pour nous sauver ?

LOUISE.

Hélas ! ils sont morts avec Jourdain.

GÉDÉON.

Adressons-nous alors à Dieu et il n'abandonnera pas ses enfants. (*Se jetant à genoux*) oh ! mon Dieu, venez à notre secours !

LOUISE.

Noble sang de Jourdain ! (*En ce moment, entre Raymond par une des portes latérales*).

SCÈNE SIXIÈME.

LOUISE, GÉDÉON, RAYMOND.

—

LOUISE.

Raymond ! Raymond ! c'est Dieu qui nous l'envoie !

RAYMOND.

Silence ! A genoux, Gédéon ! Et devant qui vous inclinez-vous ainsi ?

GÉDÉON.

Je demandais à Dieu de nous envoyer un protecteur et il a entendu ma voix.

RAYMOND.

Très bien, mon enfant. Depuis une heure, je rôde autour de cette maison. J'ai vu sortir le tyran, j'ai pénétré par la cour et me voici.

LOUISE.

Quelles nouvelles apportez-vous ? nous savons tout, Raymond. On ne nous a rien caché, on a même pris du plaisir à nous révéler la triste fin de Jourdain et de ses amis.

RAYMOND.

Vous avez été trompés.

GÉDÉON.

Serait-il vrai?

LOUISE.

Tant de bonheur est-il possible?

RAYMOND.

Monsieur Jourdain et ses amis, sauvés comme par miracle d'un infâme guet apens, ont quitté le Port-au-Prince, se sont rendus à Sangris et ont appelé aux armes tous nos frères du quartier. Ils sont au nombre de deux cents et marchent sur la ville. Ils en seront maîtres dans un moment.

LOUISE.

Nous fuirons avec vous, nous irons à la rencontre de Jourdain, nous lui conduirons son fils. Le bonheur donne des forces, le bonheur le rendra victorieux.

RAYMOND.

Madame, j'ai promis à M. Jourdain de pénétrer dans cette maison, de vous voir et de vous annoncer qu'il marche à votre délivrance. « Raymond, » m'a-t-il dit, « point d'imprudence, vous gâteriez tout. » D'ailleurs toutes les issues de cette prison sont gardées Moi, je suis un pauvre inconnu : « j'ai besoin de voir un esclave de Le Roy de Kermeler et on me laisse passer. » Qui sait même si je pourrai sortir d'ici? En apprenant la prise d'armes, de combien de précautions ne va pas s'entourer le Procureur du Roi.

LOUISE.

J'entends sa voix.

RAYMOND.

Je me sauve. (*Il sort par la porte par laquelle il est entré.*)

LOUISE.

Gédéon, entrons de ce côté. (*Ils sortent.*)

SCÈNE SEPTIÈME.

—

KERMELER (seul, l'épée au côté), puis un domestique.

Les scélérats ! Avoir eu l'audace d'attaquer nos portes, de s'en rendre maîtres ! On entre déjà dans la ville avec nos morts et nos blessés ! Et les Galèz et les Chevalier restent impassibles ! Que n'élève-t-on aussi des arcs de triomphe à ces monstres ! ô Galèz, Chevalier, préparez donc des couronnes de lauriers pour vos maîtres. Des maîtres ! Le Roy de Kermeler n'en aura jamais ! (*Il tire une fiole de sa poche*). Bien ! très bien. Elle sauvera ma race du déshonneur et punira Jourdain dans la personne de son fils.

LE DOMESTIQUE.

Monsieur, une femme est là à la porte et désire vous parler.

KERMELER.

Qu'elle repasse demain. Je n'ai pas le temps aujourd'hui. (*Le domestique va pour sortir*). Est-elle de la ville ?

LE DOMESTIQUE.

Je ne le crois pas. C'est une dame qui paraît venir de loin ; elle est vêtue de noir et un grand voile lui couvre le visage.

KERMELER.

Costume de religieuse, cela ne présage rien de bon... n'importe, qu'elle dise son nom.

LE DOMESTIQUE.

Elle a dit madame de Belmont.

KERMELER.

Madame de Belmont ? que ne l'avez-vous dit depuis

tout ce temps ! Vite, vite, qu'elle entre. (*Le domestique sort*). C'est toujours dans les grandes occasions que cette femme vient à moi ! c'est ma providence ! Avec ce puissant auxiliaire, je vois s'ouvrir devant moi le chemin de la victoire.

SCÈNE HUITIÈME.

KERMELER, MADAME DE BELMONT. (Elle a relevé son voile).

KERMELER.

Pourquoi toutes ces précautions pour arriver près de moi ? Aviez-vous besoin de vous faire annoncer ? Ne sommes-nous plus amis ? Pourquoi ce costume que vous portez ?

MADAME DE BELMONT.

C'est celui du repentir, celui de la pécheresse qui demande pardon à Dieu et qui sera peut-être pardonnée si elle persévère dans son repentir.

KERMELER.

Est-ce bien là madame de Belmont? Est-ce la femme que j'ai quittée, il y a quelques jours au Port-au-Prince? Est-ce bien celle qui a tout mis à ma disposition pour faire réussir mes projets, projets échoués je ne sais par la perfidie de qui?

MADAME DE BELMONT.

Cette madame de Belmont est morte : oubliez-la. Celle que vous voyez devant vous conserve encore les traits du visage de la morte, mais son âme est plus pure, car elle a brûlé ses faux dieux; car la foi est entrée dans son cœur, et sa vie tout entière sera désormais consacrée à la pratique de la religion.

KERMELER.

Non, vous n'êtes pas madame de Belmont ! Elle est encore digne de sa race, elle a juré, comme moi, la perte des ennemis de la France.

MADAME DE BELMONT.

Ecoutez, monsieur le Procureur. Un jour, dont je voudrais perdre le souvenir, un homme est venu à moi et je me suis associée à l'œuvre impie qu'il poursuivait. Dès les premiers pas, j'ai eu peur, j'ai voulu reculer, vain espoir ! On ne quitte pas facilement le chemin du crime, quand une fois on y est entré. La moitié de l'œuvre accomplie, c'était un simple enlèvement, j'ai regardé le dénouement avec effroi : c'étaient partout des taches de sang, et ma main, la main d'une femme allait se souiller pour toujours. Quatre victimes étaient condamnées d'avance. C'est alors que Dieu vint à mon secours et me donna le courage de les sauver.

KERMELER.

C'est donc vous qui avez fait manquer un plan si bien combiné! Vous avez été parjure à votre serment, vous avez protégé mes ennemis, vous les avez armés contre moi et vous avez l'audace de vous présenter à mes yeux! Sortez, madame, sortez.

MADAME DE BELMONT.

Je me suis rendue chez vous, car Dieu m'a donné une mission à remplir. Après m'avoir sauvée du crime, il m'a fait songer à mon complice. A vous, j'ai voulu dire : Il en est encore temps, n'avancez plus dans ce bourbier de sang et vous apaiserez l'Eternel, et il vous pardonnera, comme j'ai été pardonnée.

KERMELER.

Quoi! je toucherais à ma vengeance et je reculerais! Le Roy de Kermeler a été froissé dans ses opinions, dans ses sentiments et ne se vengerait pas ! Le Roy de Kermeler irait peut-être, comme vous, en costume de religieuse, finir ses jours dans un couvent ! un Procureur du Roi !

MADAME DE BELMONT.

Le monde jette quelquefois le ridicule sur les actions les plus pieuses, mais il y a du courage à affronter ce ridicule. J'ai pensé qu'il sera beau d'entendre dire un jour : « Madame de Belmont, chez qui le crime devait se commettre, qui avait donné la main à l'œuvre, s'est amèrement repentie, et comme expiation, a distribué aux pauvres ce qu'elle a retiré de la vente de sa maison. Dieu s'est apaisé » ! Vous, vous pensez le contraire. On dira de vous : « Le Roy de Kermeler a poursuivi son œuvre. Dieu s'est irrité! »

KERMELER.

Avez-vous pensé aux conséquences de votre trahison ? Savez-vous que les affranchis en armes sont déjà maîtres de toutes les portes et vont peut-être s'emparer de la ville ? Prévoyez-vous les crimes qu'ils commettront?

MADAME DE BELMONT.

Chacun est responsable de ses actions. J'ignore si les affranchis se porteront à des excès, mais je sais que d'un mot vous pouvez tout arrêter, et ce mot, vous hésitez à le prononcer!

KERMELER.

Pactiser avec des hommes en armes, je n'ai jamais vu nulle part que c'est un devoir.

MADAME DE BELMONT.

Eviter l'effusion du sang, c'est toujours un devoir. Vous n'avez qu'à dire : « Je consens à remettre Louise et Gédéon, et la paix est signée, et vous aurez la gloire d'avoir arrêté au bord de l'abîme deux races prêtes à s'y précipiter. »

KERMELER.

Vous m'êtes donc envoyée par les Galèz et les Chevalier, car ce sont leurs opinions que vous préconisez! ce sont donc ces messieurs qui vous ont ainsi convertie?

MADAME DE BELMONT.

Je les ai vus en arrivant ici, mais ma conversion ne leur appartient pas. Le lendemain de votre départ, Dieu est venu à mon secours. J'ai fait la route dans le seul espoir de vous sauver, car j'ai été votre complice.

KERMELER.

Eh bien! pécheresse repentante, vous avez perdu votre temps. Vous avez marché dans une fausse voie, et la religion ne vous a pas éclairée de sa véritable lumière. Apprenez ceci, madame : « n'est pas criminel l'homme qui oppose un obstacle à la foudre qui menace de l'anéantir. » Non, ce n'est pas un crime de faire mourir quatre affranchis qui ne rêvent que pillage, bouleversement et la liberté pour une classe avilie. Le crime, si crime il y a, est autre part : il s'accomplira sur un enfant et sur une femme, et c'est vous qui serez responsable devant Dieu, vous qui avez empêché la réussite de mes combinaisons.

MADAME DE BELMONT.

Un enfant! Une femme!

KERMELER.

Vous n'aviez qu'à laisser agir les archers de la maréchaussée et vous sauviez ainsi Louise et Gédéon.

MADAME DE BELMONT.

Non, vous ne ferez pas ainsi. Votre religion vous le défend.

KERMELER.

Je n'en ai pas, madame !

MADAME DE BELMONT.

Votre conscience !

KERMELER.

Je n'en ai pas, madame !

MADAME DE BELMONT.

Dieu !

KERMELER.

Epargnez-moi un blasphème. (*On entend des coups de fusils à la fin de toute cette scène.*)

MADAME DE BELMONT.

On se bat, on se bat. Faites, comme moi, votre aumône aux pauvres : Remettez les prisonniers.

KERMELER.

Jamais.

MADAME DE BELMONT.

L'aumône, l'aumône aux pauvres.

KERMELER.

Ombre de madame de Belmont, sortez de chez moi.

MADAME DE BELMONT.

L'aumône, l'aumône aux pauvres.

KERMELER.

A la porte, infâme religieuse.

MADAME DE BELMONT.

L'aumône, l'aumône aux pauvres.

KERMELER.

Faut il que j'appelle mes gens pour vous jeter loin de moi?

MADAME DE BELMONT.

Je vais prier le Seigneur pour vous. (*Elle sort.*)

SCÈNE NEUVIÈME.

KERMELER (seul), puis un domestique.

—

KERMELER.

Ces coups de fusils. D'où partent-ils ? Sommes-nous vainqueurs ?

LE DOMESTIQUE.

Monsieur, abandonnez votre maison. Les affranchis sont maîtres de la ville : ils demandent votre tête.

KERMELER (avec un calme parfait).

Lâche !... Prévenez mademoiselle Louise de Verteuil que j'ai à lui parler. Qu'elle amène avec elle le petit Gédéon. (*Le domestique sort.*)

SCÈNE DIXIÈME.

KERMELER, puis LOUISE ET GÉDÉON. (Pendant cette scène, on entend au loin les cris d'hommes en armes).

—

KERMELER, (examinant sa fiole).

C'est assez pour les deux. (*Il va fermer la porte de la rue, ouvre celle d'un cabinet et y laisse la clef.*) Tout est prêt.

LOUISE.

Vous m'avez fait appeler. Me voici, monsieur.

KERMELER.

Asseyez-vous. Notre entretien, et c'est peut-être le dernier que nous aurons ensemble, ne sera pas long. (*Ils s'asseyent ainsi que Gédéon.*) Je vous ai aimée, Louise, je vous aime encore, et vous me détestez.

LOUISE.

Monsieur !

KERMELER.

Je ne vous en fais pas un reproche. D'ailleurs, l'amour ne se commande pas : vous l'avez dit vous-même.

LOUISE.

Voilà un calme que je ne vous connaissais pas.

KERMELER.

Je vous ai dit, il y a un instant, que Jourdain et ses amis sont morts : je vous ai trompée ; ils vivent !... (*Après un moment de silence*) Et vous ne faites pas éclater votre joie !

LOUISE.

C'est que déjà j'ai appris la nouvelle.

KERMELER (*à part*).

J'ai donc des traîtres dans ma maison. (*Haut*)... Entendez-vous ces cris : on demande ma tête. Ce sont les représailles de la guerre. Jourdain, vainqueur, en veut à ma vie, comme j'en ai voulu à la sienne : c'est un droit qu'il a.

LOUISE.

Jourdain, vainqueur, saura pardonner.

KERMELER.

Je n'accepterai jamais le pardon d'un ennemi. Mais je ne veux pas qu'une femme que j'ai aimée me méprise et qu'elle dise après ma mort : « Cet homme a voulu me contraindre à l'épouser. » C'est pourquoi je déclare que, dès ce moment, vous êtes libre et que vous pouvez remettre à Jourdain son fils, en lui répétant les dernières paroles que je viens de prononcer.

LOUISE.

Merci, monsieur, de m'avoir rendu la liberté. Merci aussi pour Gédéon. Mais vous vivrez, car les âmes repentantes obtiennent la miséricorde de Dieu.

KERMELER.

De Dieu, mais non des hommes. Je mourrai, c'est moi qui vous le dis. Si j'ai assez de noblesse dans le caractère pour faire des concessions à une femme, j'en ai aussi pour les refuser de mes ennemis. Je mourrai martyr de mes opinions, car je ne pourrai jamais reconnaître les droits que ces affranchis réclament. Entendez-vous, les cris se rapprochent. Dans un instant, il me faudra mourir... Soyez sans crainte, je serai courageux jusqu'à la fin et ne vous ferai pas rougir de la race blanche. Mais avant de laisser ce monde, je vous demande deux grâces, Louise.

LOUISE.

Parlez.

KERMELER.

Que vous me pardonniez le mal que je vous ai fait.

LOUISE.

Je vous pardonne.

KERMELER.

Qu'en signe de réconciliation, comme le font les hommes, vous buviez avec moi, n'importe quoi, un verre d'eau, quelques gouttes de liqueur.

LOUISE.

J'accepte. (*Kermeler sonne : un domestique paraît.*)

KERMELER.

Apportez-nous la cave à liqueurs de mademoiselle de Verteuil. (*Le domestique sort.*) Est-ce une réconciliation sincère, Louise ?

LOUISE.

Vous me le demandez ?

KERMELER.

Eh bien ! je permets que le petit Gédéon boive avec nous, quoique cela répugne à mon caractère et à mes opinions. (*Le domestique entre et dépose la cave sur une table*). Sortez. (*Le domestique sort*). Fermée. En avez-vous la clef ?

LOUISE.

La voici. (*Kermeler l'ouvre et verse de la liqueur dans trois verres. Tout à coup il s'arrête.*)

KERMELER.

Oh ! ces cris ! ces cris ! nous n'aurons pas le loisir de parfaire la réconciliation... on vient de ce côté ! Arrêtez-les ! qu'ils nous donnent le temps de terminer. (*Louise et Gédéon sortent précipitamment et reviennent un instant après. Pendant ce temps, Kermeler a versé le contenu de sa fiole dans deux verres. Il tient le troisième verre en main.*)

LOUISE.

Personne. (*A part*) ce que c'est que l'effroi !

KERMELER.

Pardonnez-moi. (*Ils boivent.*)

LOUISE.

Encore une fois, soyez pardonné et vivez.

KERMELER.

Enfin ! (*Tumulte au dehors : le tête de Kermeler ! la tête de Kermeler*) ! Entendez-vous. Entrez dans ce cabinet : votre présence me ferait fléchir. (*Ils entrent et Kermeler les enferme. Dans ce moment la porte du fond vole avec fracas et l'on voit au dehors la petite armée de Jourdain.*)

SCÈNE ONZIÈME.

KERMELER, puis JOURDAIN.

KERMELER.

Lâches assassins, qu'un seul de vous s'avance. (*On voit au dehors Gérin, Marmé, Dubosc qui veulent pénétrer dans la maison.*)

JOURDAIN (entrant et leur parlant).

Non, messieurs, c'est une affaire personnelle qui me conduit ici. Laissez-moi seul entrer. Eh bien,

Kermeler, me voici à la tête de deux cents hommes et je n'ai qu'à dire un mot pour que vous soyez mis en pièces.

KERMELER.

Que ne le prononcez-vous ce mot ? Dites à vos bandes armées de se ruer sur cette maison, d'en tuer le propriétaire et de se partager ses dépouilles : vous me prouverez ce que je sais déjà, que vous êtes des monstres et non des hommes.

JOURDAIN.

Non, je ne suivrai pas le noble exemple que vous m'avez tracé. C'est dans un combat singulier que je veux en finir avec vous. Je veux jouer ma vie avec un Kermeler ! (*Il s'approche de la porte et s'adresse à son armée.*) Le premier qui quitte les rangs pour pénétrer dans cette maison, officier ou soldat, je le tue. Voilà pour votre garantie. Mais avant tout, qu'avez-vous fait de mon fils ? qu'avez-vous fait de Louise de Verteuil ?

KERMELER.

Ce que j'ai fait de votre fils et de votre maîtresse, vous le saurez, si vous sortez vivant de ce combat. Avez-vous peur, Jourdain ? Pourquoi tant tarder à tirer votre épée ?

JOURDAIN.

Oui, j'ai peur, vous l'avez dit. Je crains de souiller cette épée de votre sang, car elle m'a été donnée à Savannah au champ d'honneur, par le Comte d'Estaing.

KERMELER (tirant son épée).

Voyons si vous hésiterez à la tirer du fourreau.

JOURDAIN (tirant son épée).

Répondez. Qu'avez-vous fait de mon fils, qu'avez-vous fait de Louise?

KERMELER.

Ce que j'en ai fait? Regardez ces verres et demandez le moi encore.

JOURDAIN (après avoir regardé).

En garde! en garde! infâme empoisonneur! Fils de Locuste! en garde! (*Ils croisent le fer et après quelques coups d'épée, Kermeler blessé au cœur, tombe.* Je suis vengé!

KERMELER.

Moi, j'ai sauvé ma race de l'infamie et j'ai fait mourir le fils comme le père m'a tué. (*En ce moment la porte du cabinet cède sous les efforts de Louise et de Gédéon qui paraissent sur la scène.*)

SCÈNE DOUZIÈME et dernière.

KERMELER, LOUISE, GÉDÉON, JOURDAIN.

GÉDÉON (se précipitant au cou de Jourdain).

Mon père!

LOUISE.

Jourdain!

JOURDAIN (les enlaçant de ses bras).

Les revoir pour les perdre dans un moment!

LOUISE.

Non. Nous sommes sauvés et par votre fils. De cette chambre, j'ai tout entendu, tout compris. Nous avons fait usage du précieux antidote que renfermait la fiole de Gédéon.

JOURDAIN.

O ma mère ! du haut du ciel, soyez bénie.

KERMELEC (mourant et se soulevant).

Et vous tous, soyez maudits.

BIBLIOTHÈQUE IMPR.

(*Le rideau baisse.*)

FIN.

Paris. — Imprimerie Moquet, 11, rue des Fossés-Saint-Jacques.

www.ingramcontent.com/pod-product-compliance
Lightning Source LLC
LaVergne TN
LVHW020019170826
845678LV00001B/55

* 9 7 8 2 3 2 9 7 9 1 0 2 9 *